Die Klage der Steine

BERTHOLD STEINHILBER
RALPH KENDLBACHER

Die Klage der Steine

Geheimnisse britischer Klosterruinen

Mit 96 Farbbildern

EULEN VERLAG

Abbildungen
Seite 1: Glastonbury Abbey
Seite 2: Lindisfarne Priory
Seite 4: Finchale Priory

Redaktion und Bildlegenden: Yvonne El Saman

Satzarbeiten: Stückle Druck und Verlag, Ettenheim
Reproduktionen: Wehrle Repro, Freiburg
Druck und Einband: Milano Stampa - New Interlitho Italia
ISBN 3-89102-454-1

INHALT

Die beeindruckende Ostwand des Langhauses, der Triumphbogen, legt heute noch Zeugnis ab von der Größe und der Pracht des Augustiner-Chorherrenstifts GUISBOROUGH PRIORY in Cleveland. Durch die spitzbogigen Arkaden, die ihres Maßwerks beraubt sind, schaut man auf Felder und kleine Gehölze.

Einleitung

Robert the Bruce hatte das Stift im Jahre 1119 gegründet. Die erste Kirche wurde 1289 durch eine Feuersbrunst zerstört. Danach entstand an ihrer Stelle eine der größten Klosterkirchen aller Zeiten, die später in einer viel größeren Katastrophe untergehen sollte: der Dissolution.

In der Tat war GUISBOROUGH PRIORY ein äußerst wohlhabendes Haus. Da ständig Bauarbeiten ausgeführt wurden, bildeten die Bauhandwerker in Guisborough lokale Dynastien. Die Handwerker besaßen am Ort Eigentum, sie zogen hier ihre Kinder groß, stifteten Geld für den Bau der Kirche, an der sie selbst beschäftigt waren, und ließen sich zu guter letzt in Guisborough Priory begraben.

Nach seiner Auflösung in der Dissolution kam das Stift in den Besitz des einflußreichen höfischen Beamten Sir Thomas Chaloner, der nebenan sein Herrenhaus errichtete. Die malerischen Klostergebäude dienten vermutlich dem Garten seiner Familie als romantisches Ambiente.

Seit gut einem halben Jahrtausend stehen die britischen Klosterruinen als steinerne Zeugen inmitten von Parklandschaften, an Flussläufen oder auf windzerzausten Hochflächen. Da eine steil aufragende Mauer, dort ein Säulenbogen und kein Raum dahinter. Immer ohne Dach, ohne Altar, ohne Bilder und Figuren. Ob GLASTONBURY, TALLEY, TINTERN oder RIEVAULX – die Abteien Großbritanniens sprechen die Sprache einer großen Zeit, die Sprache von Macht und ihrem Niedergang. Eine Hülle aus behauenem Stein, für visionäre Ideen und Entbehrungen. Diese Ruinen sind Mahnmal und Erinnerung an eine Zeit der Zerstörung und Vernichtung, tagsüber im Spiel von Licht und Schatten, nachts in dem von Sturm und Nebel. Sie erzählen die Geschichten aus der großen und der weniger großen Zeit des englischen Mönchtums.

Klöster sind die Nervenbahnen Gottes, Schnittstellen zwischen dem Dies- und dem Jenseits. In England sind die Ruinen der Klöster auch Zeugnisse der Machtpolitik Heinrich VIII. im 16. Jahrhundert und dies, weil der Herrscher aus dem Königshaus der Tudors, das von 1485 bis 1603 regierte, seine eigene Macht im Schwinden begriffen sah. Dass Heinrich VIII. mit seiner ersten Königin, der Spanierin Katharina von Aragon, kein Thronfolger vergönnt war, hat zunächst nichts mit den Orden und den Klöstern auf der Insel zu tun. Auch nicht mit einem göttlichen Fluch. Vielmehr hat dies alles mit eiskalter Machtpolitik zu tun, mit dem Joch höfischer Sitten. Diesem göttlichen Gesetz zufolge kann königliche Macht nur an einen rechtmäßig geborenen Stammhalter übergeben werden.

Am Anfang dieser Geschichte, 1509, steht somit das Problem eines zeugungswilligen Königs und der ungelösten Erbfolge. An ihrem Ende, 1540, stehen rund 20000 Mönche, Regularkanoniker und Nonnen auf der Straße. Zurück bleiben die verlassenen und zerstörten Herbergen Gottes – ohne Dach, ohne Reliquien und ohne gregorianischen Gesang. Kein Mönch geht mehr über die Dormitoriumstreppe zur Matutin in den Kirchenchor, kopiert im Armarium die Bücher der Väter oder lauscht im Refektorium bei einer Suppe ohne Fleisch dem Vorleser.

Von den einstmals stolzen „Burgen der Seele" haben nur steinerne Hüllen überlebt. Sie erzählen von den Wirren der Reformation, den Intrigen der Macht und von einem König, der sich eine neue Königin sucht und sie nicht bekommen soll, denn so will es der Papst. Nur er kann als oberste kirchliche Autorität die königlichen Bande lösen, um der Neuen an Heinrichs Seite, sie heißt Anna Boleyn, Platz zu machen.

Auf dem Festland hat Martin Luther 1517 seine 95 Thesen an die Kirchentür zu Wittenberg angeschlagen. Die Reformation beginnt, in England aber vermischt sich die innerkirchliche Diskussion mit des Königs Ungemach. Die katholische Kirche ist verbraucht in diesen Jahren. Überall heißt es in der Renaissance, sie solle sich „an Haupt und Gliedern" erneuern. Heinrich VIII. jedoch legt ganze Hand an: Er verweigert dem Papst die Zustimmung und setzt sich an dessen Stelle. Zugunsten von Anna Boleyn kann er nun selbst in die Scheidung von Katharina von Aragon einwilligen. Der Kopf der Kirche ist nunmehr ein neuer, seine Glieder aber sind die alten: Die Klöster Englands vertreten die Macht Roms – sie müssen auf ihr neues Haupt eingeschworen werden. Aber wollen sie dies? Zweifel sind angebracht.

Entsprechend ihren Regeln haben sich die Mönche von der Außenwelt verabschiedet. Doch dies sind nur Regeln. Die riesigen Bauten, die Kirchen und ihr wirtschaftlicher Einfluss sprechen eine andere Sprache. Klöster sind ein nicht zu leugnender Machtfaktor. Heinrich VIII. muss sich ihrer Loyalität versichern. Die Suprematie ist bisher die Obergewalt des Papstes. Doch Heinrichs Gesetz von 1534 wird dieses erstmals auf den König übertragen. Als der weltliche Herrscher die Anerkennung von der Geistlichkeit verlangt, sind die wenigsten Kirchenleute davon angetan: Manche verweigern den Eid; sie landen auf dem Schafott. Die ihn aber schwören, liefern sich und ihre Unabhängigkeit an die Krone aus.

Ein Dilemma. Doch es ist nicht unverschuldet. Ohnehin genießen die Ordensleute zu Beginn der Renaissance nicht den besten Ruf. Bettelmönche gelten als Karikatur schlechthin, Schweigemönche sind im Bewusstsein des Volkes völlende Tunichtgute, dick und fett. Ohne Zweifel haben es die Kongregationen nach ihrem Aufbruch im 11. und 12. Jahrhundert nicht verstanden, ihre Erneuerungen und die Ideale der Ordensgründer über die Zeitläufte hinweg zu retten. Dem Mönchtum sind in dieser Zeit zwar unentwegt Glieder zugewachsen, allein die Reform an diesen Gliedern, symbolisiert durch über 800 allein in England verstreute Niederlassungen um 1535, kommt nicht aus ihm selbst heraus. Sie kommt von außen – und das gewaltig, in der Gestalt des Thomas Cromwell, Kanzler seiner Majestät, dem „Hammer der Mönche". Als Anhänger der deutschen Reformation möchte er die Klosterwelt Englands auf ein vernünftiges Maß zurechtstutzen, um die aus den Fugen geratene Balance zwischen Klerus und Adel wiederherzustellen. Als 1536 der Klostersturm beginnt, werden zunächst die kleineren Filiationen der Mutterhäuser aufgelöst. Mönche und Nonnen werden vertrie-

Die Ruinen von Talley Abbey liegen in einem malerischen Tal zwischen den beiden Flüssen Teifi und Tywi im walisischen Dyfed.

Von der 1180 gegründeten Prämonstratenserabtei sind außer dem 26 m hoch aufragenden Vierungsturm nur Grundmauern erhalten. Sie zeichnen den Grundriss einer dreischiffigen Kirche mit Querhaus und flachgeschlossem Chor auf den Boden. Dieser Grundriss kommt nicht zufällig dem zisterziensischen Idealplan nahe. Der Gründer der Prämonstratenser, Norbert von Xanten († 1134), war mit Bernhard von Clairvaux gut befreundet, und die „Weißen Kanoniker" aus Prémontré waren von zisterziensischen Architekturvorstellungen stark beeinflusst. Allerdings wurde das Langhaus von Talley Abbey nie ganz fertig gebaut. Die vier Joche, deren Fundamente erhalten sind, waren für das dazugehörige Querhaus viel zu kurz.

Wie auch für die nahegelegene Zisterzienserabtei Strata Florida wurde im 12. Jahrhundert der walisische „Lord Rhys" zum wichtigsten Förderer von TALLEY ABBEY.

TALLEY ABBEY wurde 1536 aufgelöst und die Steine der Abteigebäude zum Bau des königlichen Herrenhauses in TALLEY abgebrochen. Da als Pfarrkirche genutzt, blieb die Klosterkirche bis 1772 von den Zerstörungen verschont. Dann überließ man die mittelalterlichen Gebäude dem schrittweisen Verfall.

Folgende Doppelseite:
BOLTON PRIORY

ben, Hostienteller, Reliquien und Altäre beschlagnahmt, Grund und Boden verkauft. Auch vor den geweihten Mauern machen die Schergen des Königs nicht halt: Diese werden als Steinbruch für die rege Bautätigkeit des Königs benutzt, ihre Dächer abgetragen. Damit ist eine Dynamik in Gang gesetzt, die letzten Endes die gesamte Klosterwelt der Insel in den Abgrund reißt. Als die Wogen sich 1540 beruhigen, stehen nur noch die Gerippe und zeugen von tausend Jahren englischer Klosterwelt. Das Sterben des Mönchtums ist somit Symbol für eine Zäsur in der Geschichte, aus deren sich niederschlagenden Staubwolken die anglikanische Staatskirche entsteht.

Die steinernen Zeugen der großen Zeit der englischen Klosterwelt sind wie ein aufgeschlagenes Buch. Hier ist kein Tor mehr verschlossen, der Blick in den Chor oder die Zelle der Kanoniker nicht verwehrt. Wer sich in diese Welt hineinbegibt, sieht die Orden und ihre Ideen, den Streit darum, die Architektur, Legenden und Leiden einer das christliche Abendland prägenden Kulturidee.

Ralph Kendlbacher, Sommer 2000

KÖNIG VON GOTTES UNGNADEN

Heinrich und Anna Boleyn – Liebe unterm Schwert

Es war der wohl berühmteste Scheidungsprozess der Weltgeschichte. Keine Liebschaft hat Großbritanniens Geschichte und Kultur so nachhaltig verändert wie die Liaison zwischen König Heinrich VIII. und Anna Boleyn: Am Schluss lagen die Klöster Großbritanniens in Trümmern.

Die Affäre des zur Körperfülle neigenden 34jährigen Königs und der um fünfzehn Jahre jüngeren Bürgerlichen begann vermutlich auf einem der zahlreichen Turniere des englischen Hofes im Februar 1526. Heinrich erlaubte sich einen Scherz. „Declarer je n'ose" – „Ich wage es nicht, mich zu erklären" hatte er als Motto seines Turnierauftrittes gewählt und auf den Umhang seines Pferdes sticken lassen. Dann ritt der König in den Hof ein. Wie immer glänzte die kostspielige Plattenpanzerung, darübergeworfen ein kostbarer, mit Edelsteinen besetzter Umhang, vorneweg die Gefolgsleute in den Tudorfarben Rot und Weiß. Die Menge applaudierte, Katharina von Aragon, die Königin, wurde blass. Einer Zuschauerin schoss das Blut in die Wangen. Das Zeichen auf der Schabracke war Anna Boleyn ein deutliches Signal: Ein Herz in Flammen.

Anna Boleyn war noch neu am Hof Heinrichs VIII., und sie wäre vermutlich nie dorthin gekommen, wäre ihr Vater nicht so geldgierig und ihre vier Jahre ältere Schwester Mary weniger willig gewesen. Vater Thomas Boleyn war Beamter und strebte nach Höherem; kurzerhand hatte er den ursprünglichen und doch sehr gewöhnlichen Namen „Bullen" in die feinere normannisch klingende Form Boleyn getauscht und von da an ging es bergauf. Tochter Mary hatte der Vater 1521 an den englischen Hof gelotst. Sie wurde kurz darauf Heinrichs Mätresse und gebar ihm einen Sohn.

Spätestens hier sind wir beim Kern der Geschichte, und diese Geschichte beginnt einige Jahre vor Anna Boleyns Ankunft am englischen Hof 1526. Um genauer zu sein – sie beginnt mit Heinrichs erster Frau Katharina von Aragon, der Tochter des spanischen Königs. Um Heinrichs Politik auf einen Nenner zu bringen, genügt das Wort „Sohn". Die zur idée fixe gesteigerte Erwartung eines männlichen Thronerben war zwar keine originäre Erfindung der Tudors – sondern im allgemeinen ein ehernes Anliegen aller Adelshäuser. Allein dem Hause Tudor war, was den Thronerben betrifft, vorerst kein Erfolg beschieden.

Mit hundertundneunzig Zentimetern Gardemaß auch für heutige Zeiten ein stattlicher Mann, war der im Laufe seines Lebens mit sechs Frauen liierte und mit wesentlich mehr Liebhaberinnen verbundene König der Briten in seiner Jugend ein rechter Schüchterling. Dieses Verhalten war indes vom Vater Heinrich VII., einem hageren Asketen und kaufmännisch handelnden König, vorgegeben. Sohn Heinrich VIII. musste sich aus Gründen der Staatsräson zurückhalten.

Als Heinrich 1509 achtzehnjährig die fünf Jahre ältere Katharina von Aragon heiratete, stärkte dies sein Selbstvertrauen. Heinrichs älterer Bruder Arthur war 1502 gestorben und seine Witwe Katharina im Zuge höfischer Berechnungen als „Erbstück" dem nachrückenden Thronerben Heinrich übertragen worden; ein nur in Königshäusern übliches Vorgehen, das der Tudor auf Befehl des Vaters indes auf platonisch-kleinem Feuer genießen musste, wiewohl Heinrichs Sinn nach der „teuersten und heißgeliebten Gemahlin, der Prinzessin, meinem Weib", ganz und gar nicht einem diplomatischen, sondern eindeutig einem erotischen Verlangen entsprach.

Als der Vater 1509 starb, war die Zeit der Zurückhaltung vorbei. Und Arthurs spanische Witwe machte sich nicht schlecht an Heinrichs Seite. „Unser Leben ist eine einzige Folge von Festen", schrieb Katharina an ihren Vater, König Ferdinand von Spanien. Und Heinrich begeisterte sich: „Unsere Gemahlin, die Königin, erscheint täglich in neuen Tugenden, so dass, wären wir noch frei, wir sie dennoch erwählen würden." Vorbei war die mittelalterliche Forderung nach *„temperantia"*, dem Maßhalten in allen Dingen. Die Renaissance liebte Üppigkeit, und das englische Königspaar verstand es, Unsummen für Festgelage, Kleider, Schmuck, Speisen, Turniere und Wetten auszugeben. Mal eben verlor Heinrich 450 Pfund beim Domino, 100 Pfund beim Kartenspiel. Zum Vergleich: Ein Handwerker verdiente höchstens vier Pfund jährlich, der Hofmaler Hans Holbein 30 Pfund.

Allein Katharinas Unvermögen, einen Thronfolger zu gebären, trübte beider Glück. Schon mit Heinrichs Bruder Arthur war sie von einem toten Kind entbunden worden. Als aber der sehnlichst erwartete Stammhalter Heinrichs 1511 nur zwei Monate nach seiner Geburt starb, wuchs sich das Nachfolgeproblem zur Staatskrise aus. Auch die beiden nächstgeborenen Söhne überlebten das Wochenbett nicht. Prinzessin Maria, 1516 geboren, wurde von Heinrich zwar zärtlich geliebt – war aber nach königlichem Ermessen mit dem falschen Geschlecht gesegnet. Was also tun? Die vielen Schwangerschaften, Geburten und Fehlgeburten hatten die Königin arg in Mitleidenschaft gezogen. Als Katharina 1518 erneut ein totes Kind gebar und auch die mit Frühgeburten endenden Schwangerschaften aufhörten, schien die Hoffnung auf einen Thronfolger dahin zu sein. Alle ärztliche Kunst – auch die der eigens aus Spanien herbeigerufenen Mediziner – konnte dem pausenlos geforderten Körper der Königin seine Fruchtbarkeit nicht mehr zurückgeben. Sämtlichen Schwierigkeiten zum Trotz – ein Thronfolger musste her.

Heinrich begann sich näher mit seinen Hofdamen zu beschäftigen – und Katharina nahm es leidend hin. Auf ihren Gemahl übte sie keinen Reiz mehr aus. Heinrichs Rivale, Franz I. von Frankreich, soll sich gar zu dem Bonmot haben hinreißen lassen, die durch ihre vielen Schwangerschaften gezeichnete Katharina sei „alt und unförmig".

Dass Heinrich VIII. mit etlichen unehelichen „Bastarden" wie mit dem Sohn erwähnter Mary Boleyn gesegnet war, bot seinen Feinden eine willkommene Plattform für ihre Propaganda, in der sie ihn als verderbten Sexprotz darstellten. Nüchtern betrachtet war dies für die Zeit der Renaissance mit ihren Ausschweifungen so ungewöhnlich nicht. Die räumliche Aufteilung der königlichen Residenzen verlockte schlicht und einfach zum Seitensprung: Königin und König hatten in jeder Residenz jeweils eine eigene Schlafkammer und ein eigenes Empfangszimmer, was die Versuchung zum Seitensprung natürlich wachsen ließ.

Indes war Heinrichs Blick auf Mary Boleyns Schwester gefallen. Doch anders als Mary wusste Anna sich ein ums andere Mal den Avancen des Königs zu entziehen. Im Hintergrund hatte Hofberater Kardinal Wolsey längst das Scheidungs- und Neuvermählungskarussell in Gang gebracht. Politisch genehm wäre Prinzessin Renée von Frankreich gewesen, da England sich damit aus der längst als Bürde empfundenen Bindung zu Spanien gelöst hätte. Dass daraus nichts wurde, ist einerseits dem schleppenden Scheidungsprozess zuzuschreiben, der im Juni 1529 begann und sich bis 1533 hinzog, als auch Heinrichs neuer Favoritin Anna Boleyn, die es durch geschicktes Taktieren verstand, die diplomatischen Sinne des Königs zu vernebeln.

Katharina, die amtierende Königin, hatte die Seitensprünge ihres Gemahls bis dahin noch billigend in Kauf genommen. Als jedoch ihre eigene Position gefährdet schien, wehrte sie sich. Ursprünglich sollte die Scheidung still und leise vollzogen werden. Als Grund wurde genannt: Die Ehe war nie eine rechtmäßige, da Katharina die Witwe des verstorbenen Arthur und Heinrich somit Junggeselle sei. Eine Geheimversammlung wurde anberaumt, von der aber Papst Clemens VII. auf Betreiben Katharinas erfuhr. Nun war es offiziell. Ohne päpstlichen Segen war das geschickt konstruierte Unterfangen Makulatur.

Das Ende der Geschichte ist bekannt. Rom sagte „Nein". Heinrich hingegen sagte „Doch", löste sich von der katholischen Kirche und schuf sich seine

Die Ruine des im „Decorated Style" errichteten Bolton Priory in der englischen Grafschaft North Yorkshire liegt etwas oberhalb des Flusses Wharf in einem gewundenen Tal, eingebettet in Laubwälder. Nebel umgibt die Ruinen von Chor, Apsis und südlichem Querschiff und den davor gelegenen Friedhof. Die Kirche erscheint im Verhältnis zum Kreuzgang fast zu mächtig. Das Kirchenschiff diente nach der Klosterauflösung als Pfarrkirche.

Das 1154 oder 1155 gegründete Bolton Priory war ein Augustiner-Chorherrenstift. Es wurde von Kanonikern bewohnt, die nach der Augustinerregel in einer Gemeinschaft lebten. Im Gegensatz zu Mönchen durften Kanoniker über Privatbesitz verfügen.

Zwischen 1537 und 1540 kam es zur Auflösung der größeren Klöster, darunter auch Bolton Priory. Der französische Botschafter schrieb an Franz I. „...was ich Euch aus diesem Land schreiben kann, Sire, ist, dass keine Abtei mehr steht und auf diese Art macht der König, Euer Bruder, wohl glauben, dass er der Statthalter Gottes in seinem Königreich ist." Folge der Klosteraufhebung war eine gewaltige Umverteilung des Grundbesitzes, deren Nutznießer der Landadel war, konnte er doch auf günstige Weise seinen Besitz vergrößern. Dies festigte seine Königstreue.

eigene, die „Church of England". Dass Heinrichs zweite Frau Anna Boleyn sich dabei die Wut des Episkopats und des Volkes zuzog, ist verständlich. Doch Heinrich hielt Rom und der so auf Korrektheit bedachten Kirche den Spiegel vor. Nicht nur, dass die Klöster Englands als Horte der Lehrmeinung Roms nunmehr möglichst unschädlich gemacht werden mussten – auch weckten ihre Reichtümer Heinrichs Begehrlichkeiten; Turniere, Paläste und Wettschulden wollten schließlich bezahlt sein.

Dass es Klöster wie etwa die Priorei von Bolton mit monastischem Anstand nicht so genau nahmen, spielte dem der Unsitte angeklagten Heinrich in die Hände: Wer wie die augustinischen Mönche von Bolton unerlaubt jage, nach der Komplet in geselliger Runde trinke und entgegen mönchischem Gelübde in jeder Zelle Reichtümer anhäufe, könne schlecht einen König moralisch zurechtweisen. Kurzum: Rom hatte aus Heinrichs Sicht nicht das Recht, ihm die Heirat mit Anna Boleyn zu verbieten. Er war der König von England, er hatte die Macht, und dafür schuf er die Fakten.

Dass die Rechnung des Königs indes nur zur Hälfte aufging, steht auf einem anderen Blatt. Auch Anna Boleyn war nicht imstande, den um ihre angefeindete Position bangenden Tudors einen Thronfolger zu gebären. Sie landete auf dem Schafott. In dem Prozess, der 1536 zu ihrer Enthauptung führte, lautete die Anklage auf mehrfachen Ehebruch und Inzest mit ihrem Bruder.

Ehefrau Nummer drei, das Hoffräulein Johanna Seymour, brachte schließlich im März 1537 den gewünschten Thronfolger mit Namen

Eduard, Prinz of Wales, zur Welt. Der ganze Hof stand Kopf. Die Mutter Johanna Seymour starb allerdings nach zwölf Tagen an Kindbettfieber. Ehefrau Nummer vier, Anna von Cleve, einer Deutschen, fehlte es an den nötigen Reizen. Sechs Wochen nach der Heirat trennte man sich 1540 in stillem Einvernehmen. Nummer fünf, Katharina Howard, ein mit aller Anmut ausgestattetes 20jähriges Wesen, war ob ihres Liebreizes auch für andere Männer eine Versuchung, was stark an des alternden Königs Selbstwertgefühl nagte. Sie wurde nach nur 18 Monaten Ehe im Februar 1542 im Tower von London hingerichtet. Nummer sechs schließlich, Katharina Parr, vereinte ab 1543 all die Werte, auf die Heinrich VIII. so viel Wert legte: Gebildet, umsichtig, jung und schön, pflegte sie den aufgedunsenen König und bereitete Eduard auf die Nachfolge vor. Es muss eigentümlich ausgesehen haben, wenn der massige und kranke König sich im Hofgarten auf die zarte, kleine Gestalt seiner Frau stützte. Sie sollte Heinrich schließlich überleben.

Am Hofe des englischen Königshauses war Frieden eingekehrt. Draußen aber tobten die Nachwehen von Heinrichs erster Scheidung, und das Volk machte dies nur an einem Namen fest: Anna Boleyn. Während des sechsjährigen Scheidungsdramas hatten die Gegner einer Annullierung der Ehe mit Katharina von Aragon nichts unversucht gelassen, die Geschicke in ihrem Sinne zu wenden. Insbesondere die Nonne Elizabeth Barton, „die heilige Jungfrau von Kent", hatte jahrelang gegen Heinrichs Ansinnen öffentlich polemisiert und den zaudernden Papst Clemens VII. zum Durchhalten gegen den König aufgefordert. Bestärkt wurde sie

St. Martin's Church, eine kleine Kirche, die von Grabsteinen umgeben auf einem Hügel außerhalb der Stadtmauern Canterburys steht, gilt als „Mutterkirche Englands".

Die Benediktinerabtei Reculver in Kent stammt aus der frühesten Zeit des Christentums in England. Sie wurde 669 von König Egbert gegründet. Bald darauf müssen die Kirche und die ersten Klostergebäude entstanden sein, die noch bis 1809 standen. In diesem Jahr ließ der Bürgermeister des Ortes die Kirche abbrechen, um zu verhindern, dass sie für Puppenspiele oder ähnliches missbraucht werde.

Die vollständig erhaltenen Türme der Westfassade, die aus einem späteren Umbau stammen müssen, und die Türmen gleich aufragenden Mauerreste des Chors stehen auf einer Anhöhe am Meer. Vor der Fassade und auf der Ostseite der Kirchenruine von Reculver wachsen Grabsteine aus der Wiese, die die Gemäuer umgibt.

dabei von den Kartäusermönchen der St. Martin's Church vor den Toren Canterburys. Diese Eremiten, deren Lebensmittelpunkt die Klosterzelle bildete, waren der Keimherd kirchlichen Widerstandes. Eine einzelne Nonne konnte noch zum Schweigen gebracht werden – Heinrich ließ Elizabeth Barton hinrichten, der Exkommunikation durch ein Kirchenoberhaupt aber mussten andere Mittel entgegengesetzt werden: Kurz nach der Krönung Annas hatte Clemens VII. den Potentaten aus der Kirchengemeinschaft ausgeschlossen, schließlich hatte der König von England sich über das Primat Petri hinweggesetzt. Heinrichs Machtbasis war durch den Kirchenausschluß angegriffen – der Stellvertreter Petri versagte ihm die Legitimation. Seine Macht war nicht mehr gottgewollt.

Gebt Gott, was Gottes ist und dem König was des Königs ist – Heinrich wäre nicht der gelehrige Machiavellist gewesen, hätte er sich nicht dieses Legitimationsproblems entledigt. Der Papst hatte ihn aus der Kirchengemeinschaft ausgestoßen, er stieß den Papst aus der Kirche aus: Die Suprematsakte 1534 forderte von Beamten und Geistlichen den Eid, Heinrich als obersten Landes- und Kirchenherren anzuerkennen. Für viele Orden, so z. B. für die erwähnten Kartäuser, war dies ein Unding. Die Loslösung von Rom war eine Reform ohne Reformation – in Dogma und Kultus sollte die englische Kirche katholisch bleiben.

Der Satellit des Satans – Heinrich und der Streit mit Rom

Im Grunde seines Wesens war Heinrich VIII. die Opposition gegen den Heiligen Stuhl in Rom fremd. Eine eigene Kirche gründen zu wollen – das war ihm nicht in die Wiege gelegt worden. Durch und durch Katholik, hatte er 1521 gar zur Feder gegriffen und war gegen die neue „Irrlehre aus Deutschland" zu Felde gezogen: ein König im Kulturkampf zwischen Katholiken und Protestanten – und er schlug sich dabei gar nicht schlecht: Heinrichs „Assertio Septem Sacramentorum" – „Die Rechtfertigung der sieben Sakramente" war eine überaus erfolgreiche Streitschrift und richtete sich gegen Martin Luthers „Von der babylonischen Gefangenschaft der Kirche". Die „Assertio" war immerhin so erfolgreich, dass sie in mehrere Sprachen übersetzt wurde und Papst Clemens VII. ihrem Autor den Ehrentitel „Fidei Defensor" – „Verteidiger des Glaubens" zuerkannte. Heinrich muss darauf sehr stolz gewesen sein; „Fidei Defensor", abgekürzt „F.D.", findet sich noch heute auf englischen Münzen. Verständlich, dass Luther im Reformationskampf wenig von dem „Narren und Lügner" auf dem Tudorthron hielt und von Heinrich in der ihm eigenen unmissverständlichen Art als „die gekrönte Sau von England" sprach.

Noch bestand Einigkeit zwischen London und Rom. Und zweifelsohne hätte Papst Clemens VII. dem Trennungsgesuch seines Mitstreiters stattgegeben. Im engeren Sinne ging es ja weniger um eine Scheidung als um die Annullierung einer unrechtmäßig zustandegekommenen Ehe. Der Papst verstand sich wohl auf solche spitzfindige juristische Rechtsauslegung. Doch Clemens Gefangennahme durch ein deutsches und spanisches Heer 1527 vereitelte es. Eine ungünstige politische Konstellation war entstanden. Heinrichs Hoffnungen auf eine gütliche Trennung von Katharina standen und fielen mit dem Einverständnis des ihm wohlgesonnenen Papstes, der aber war mit der Plünderung Roms 1527, dem sogenannten „*Sacco di Roma*", mattgesetzt.

Zu allem Unglück stand an der Spitze der Plünderer Kaiser Karl V., und der war wenig gewillt, das spanische Band mit England zu zerschneiden. Verwandtschaft verpflichtet – Katharina von Aragon war Karls Tante, und die Hand des deutschen Kaisers hielt Clemens von seiner Unterschrift für die Nichtigkeitserklärung der Ehe zurück.

Clemens VII., bürgerlich Guilio de Medici, wird oft als Zauderer beschrieben, der den berühmtesten Scheidungsprozess der Weltgeschichte in die Länge zog. So ganz stimmt dies nicht: Der deutsche Kaiser hatte die schlagkräftigeren Argumente – und das Mehr an Geld für die Rechtsauslegung. Heinrich blieb nur der Bruch

Folgende Doppelseite:

BYLAND ABBEY in North Yorkshire ging aus einer 1134 gegründeten Savignac-Niederlassung hervor, die sich zusammen mit dem Mutterkloster Furness 1147 dem Zisterzienserorden anschloss.

Die Zisterzienser gründeten ihre Klöster in der Abgeschiedenheit. Um sich selbst versorgen zu können, begannen sie, Wälder zu roden und Moore zu entwässern, Fischteiche und Kanäle anzulegen und den Boden zu beackern. Bald erwirtschafteten die Abteien Überschüsse, mit denen sie zu Wohlstand kamen. Je größer die Abtei wurde, desto schwieriger wurde es für die Mönche und Laienbrüder, alles allein zu bewirtschaften. Deshalb siedelten sie Bauern, Arbeiter und Handwerker nahe der Abtei an, die im Dienst des Klosters arbeiteten.

Durch Stiftungen und Ankäufe häufte der Orden mit der Zeit immer mehr Land an. Dieser „sich von selbst ansammelnde" Reichtum stand im krassen Gegensatz zur ursprünglich angestrebten Armut. 1191 erging folgender Beschluss des Generalkapitels: „Um die Habgier in unserem Orden zu mäßigen und die uns zugelegte Devise, immerfort zu erwerben, zurückzuweisen, haben wir vorgeschlagen, dass von allen fest eingehalten werde, von nun an uns völlig jeglichen Kaufs von Ländereien und von beweglichen Gütern zu enthalten."

mit Rom. Die Logik war einfach: Zwischen ihm und Gott stand nur der Papst. Der Papst aber war ausgeschaltet. Somit musste er, Heinrich, an die Stelle des Papstes treten. Um Verwechselungen vorzubeugen, erklärte er sich zum „Oberhaupt der englischen Kirche unmittelbar unter Gott".

Damit das „Oberhaupt" mit beiden Füßen auf dem Boden des Gesetzes stand, bedurfte es eines Ministers wie Thomas Cromwell. Dieser untersetzte Mann, Sohn eines Hufschmiedes und Tuchwalkers, war Kopf des Kirchenbruchs. Heinrichs Mann fürs Grobe nahm Maß und fertigte seinem Herrn ein Gesetzeswerk, das dessen Wünschen und Vorstellungen völlig entsprach. Eckstein des gesamten Rechtsgebäudes war der „Act of Appeals", das sogenannte Appellationsgesetz. Es besagte, dass das englische Königreich von nun an „allein von seinem Oberhaupt und König" regiert wird. Außerdem erweiterte es enorm die königlichen Befugnisse, die alsdann nach Bedarf von Heinrich und seinen Nachfolgern ein ums andere ausgedehnt wurden.

Die königliche Bresche für die ersehnte Ehescheidung war geschlagen. Das später als Suprematseid berüchtigt gewordene Ideengut des Thomas Cromwell bestimmte die totale Herrschaft des Monarchen über die Kirche. „*Dispens*" – Freisprechung – konnte Heinrich sich nun selbst geben.

Mit dem Suprematseid verstieß Cromwell die Papstkirche aus England und verbannte sie nach Rom. Deren Statthalter weilten indes noch auf der Insel: Es waren dies die 800 Klöster des Königreiches, Horte der öffentlichen Meinung und somit eine Gefahr für den König und sein Reich. Des Königs treuester Vasall aber handelte nach dem Motto „Jeder Abt ist ein kleiner Papst" und setzte zum Klostersturm an.

Zum Abendmahl gibt's Toastbrot – Entwicklungen einer Nation

Der Papst hatte die Exkommunikation über den Mann auf dem Tudorthron gesprochen, und jetzt, nach dem August 1533, hoffte man auf Heinrichs Einlenken. Doch der Nachfolger Petri irrte. Da hatte er aus seiner Sicht ein Schäflein retten wollen, und nun sollte er die ganze Herde verlieren: Heinrich hatte den Botschafter Frankreichs, Jean Du Bellay, mit einem Ultimatum gen Rom in Bewegung gesetzt. Entweder bestätige die päpstliche Spruchkammer bis Ostern 1534 die Nichtigkeit seiner Ehe mit Katharina oder England werde zur Abtrennung von Rom schreiten. Das Konsistorium des apostolischen Stuhls bestätigte im besten Kirchenlatein natürlich das Gegenteil. Damit war die Loslösung von der Autorität Roms perfekt.

Europa war entsetzt, Heinrich so vergnügt wie selten. Sollte der Papst ihn zehntausendmal exkommunizieren, es kümmere ihn nicht, hieß es aus seinem Umfeld. Kurz darauf bestätigte das 1529 von Cromwell errichtete Scheinparlament das sogenannte Thronfolgegesetz. Jeder, der Heinrichs Heirat mit Anna anfocht, machte sich demnach des Hochverrats schuldig. Das Schisma war vollendet, und einen Papst gab es in England nicht mehr. In bester Sprachregelung nannte man ihn auf der Insel nur noch den „Bischof von Rom". Statthalter Gottes in England war nun der König, also Heinrich selbst. 1534 schließlich übertrug die verschärfte Form des Thronfolgegesetzes, die sogenannte Suprematsakte, dem König alle Vollmachten über die englische Kirche und damit über ihr Geld.

Nicht umsonst hatte sich Heinrich VIII. nach seiner Exkommunikation so vergnügt gezeigt: Das Nettoeinkommen der rund 800 Klöster in England und Wales überstieg das des Königs beträchtlich. Dass mit einem Federstrich jedoch jahrhundertealte Bindungen der Klöster an ihren Herrn in Rom beseitigt werden könnten, daran glaubte wohl niemand. Widerstand war vorprogrammiert, und es bedurfte eines so geschickten Taktierers wie des Königs Superministers Thomas Cromwell, um bei möglichst wenig Widerstand den größtmöglichen Gewinn zu erzielen. Der erste Schritt musste daher lauten: Jeder hat die Herrschaft des Staates bedingungslos anzuerkennen...

Zunächst stand die Suprematie des Königs nur auf dem Papier. Der Aufputz war zwar mächtig, aber eine Klosterpforte ließ sich damit nicht erschüttern. Allein, er eröffnete der englischen Krone ungeahnte Möglichkeiten, um an die versammelten Himmelsschätze auf englischem Boden zu gelangen. Die Suprematie war die Grundlage aller folgenden Gesetze, und das wirksamste Mittel zu ihrer Durchsetzung war die sogenannte Hochverratsakte vom Februar 1535.

Jeder, der in Wort und Schrift in böser Absicht den Versuch machte, den König seiner Würde, seines Titels oder des Ansehens seines königlichen Standes zu berauben, war ein Verräter, ließen diese Zeilen verlauten. Auf Hochverrat aber stand Tod. Mit ihr war dem Terror Tür und Tor geöffnet – Cromwell als Lordsiegelbewahrer des Königs brauchte nur noch einzutreten.

Thomas Morus, Heinrichs Lordkanzler, wurde sein erstes und wohl auch prominentestes Opfer. Als Morus den Eid auf den König verweigerte, wurde er als Hochverräter hingerichtet und sein Kopf auf der London Bridge gepfählt. Tochter Margarete kaufte das Haupt ihres Vaters, damit dieses nicht wie üblich den Fischen zum Fraß ins Meer geworfen wurde. Über die Hinrichtung des allseits geschätzten Philosophen im Kanzlerrang war das übrige Europa entsetzt. Aber mehr noch: Heinrichs Herrschaft entlarvte sich nunmehr als das, was sie war: ein Regime ohne Moral.

Morus Martyrium indes zeigt den grundsätzlichen Konflikt, vor dem die Klöster standen. Caritative Konvente wie die Prämonstratenser von Titchfield Abbey in der Grafschaft Hampshire hatten mit der Anerkennung der Suprematie wenig Probleme. In Mission und Seelsorge mehr mit Problemen der Straße denn mit denen von Klostermauern erfahren, fochten die Weißen Kanoniker die Niederungen kirchlicher Grundsatzfragen weniger an. Ganz anders dagegen die Kartäuser. Dieser Zusammenschluss von Eremiten der Reformordenbewegung des 11. Jahrhunderts, deren mönchischer Mittelpunkt die Klosterzelle bildete, weigerte sich vehement, Heinrich als Kirchenoberhaupt anzuerkennen. Schon 1533 hatte Heinrich VIII. die Franziskaner-Observanten seinen Zorn spüren lassen, als diese die Sukzessionsakte ablehnten. Dieser Teil des Cromwellschen Gesetzeswerkes, der die Kontinuität der Kirche durch den sogenannten „geschichtlichen Episkopat" behandelt, bestimmte unter anderem die Kinder Anna Boleyns als rechtmäßige Thronerben.

„Es tut uns leid, dass wir sie in diesem Punkte zu keiner vernünftigen Ansicht und Unterwerfung bewegen können, wie das unser Herz zur Erwerbung des königlichen Wohlgefallens so gerne getan hätte", schrieben die königlichen Kommissare. Der Tudorherrscher warf die 200 Bettelmönche der sechs Franziskanerklöster in den Tower – „in Ketten geschlossen" und „schlimmer behandelt als in einem Kerker", entsetzte sich darüber der kaiserliche Gesandte Karls V., Eustace Chapuys.

Noch aber konnte Heinrich die Klöster nicht auflösen. Er konnte sie nur entvölkern. Erst das Hochverratsgesetz 1534 erlaubte es Cromwell, ganze Hand anzulegen. Während die will-

fähigen Augustiner-Chorherren in die verwaisten Herbergen der Franziskaner einzogen, übten sich nunmehr die Kartäuser-Mönche in Verweigerung gegenüber der Krone. Visitatoren, die seit einiger Zeit mit der Observierung und Zählung der Mönche betraut waren, quittierten dies mit Kopfschütteln. So schrieb einer, der Archediakon Bedyll, an Cromwell: „Ich bin wirklich betrübt, die Dummheit und Halsstarrigkeit verschiedener Ordensleute zu sehen, die so dem Bischof von Rom und seiner usurpierten Macht anhängen, dass sie jeglichen Rat ausschlagen und ihren Leib und ihre Seele in Gefahr bringen, wie auch die Schließung ihrer Häuser riskieren, wie unbesonnene Menschen, die zu sterben wünschen. Was mich angeht, so würde ich wünschen, dass alle diese so halsstarrigen Personen unter ihnen, die zu sterben wünschen, wirklich von der Hand Gottes stürben, damit auf niemanden zu Unrecht die Schande für die gerechte Züchtigung falle." Beim Sukzessionseid hatten es Cromwells Schergen noch im Guten versucht.

Die Kartäuser genossen beim Volk hohes Ansehen. Nie reformiert, präsentierte sich der Orden vier Jahrhunderte nach der Gründung immer noch im Geist der Weltferne und Armut. Das beeindruckte. Erpicht war Cromwell deshalb auf möglichst geräuschlose Erfolge, wollte er doch dem Unmut der Untertanen nicht neue Nahrung zuführen. Des Kanzlers Schergen versuchten es mit Überredung; die Klosteroberen wurden eingekerkert, bekehrt und zurückgeschickt.

Als Theaterstück könnte ein solches Bekehrungsszenario in zwei Akten am Beispiel der Londoner Kartause so aussehen:

Die Prämonstratenserabtei Titchfield Abbey bei Southhampton in der Grafschaft Hampshire wurde 1232 gegründet. Nach 300 Jahren des Klosterlebens der „Weißen Kanoniker" in Titchfield wurde die Abtei 1537 aufgelöst.

Die Anlage wurde an Thomas Wriothesley verkauft, der ein starker Befürworter der Dissolution war. Er ließ die Abtei in ein Herrenhaus umwandeln und mitten in das ehemalige Kirchenschiff das viertürmige Torhaus bauen. Einige Gebäude wie den Westteil der Kirche oder das Refektorium bezog er in das Herrenhaus ein, der Rest wurde zerstört. Die frühere Anordnung der Klostergebäude verrät nur der in den Rasen gezeichnete Grundriss.

1. Akt – Der Sukzessionseid
Kommissar (drängend): „Vater, schwören Sie den Eid auf Heinrich als uneingeschränkten Thronfolger von England!"
Prior der Kartause (ruhig): „Es ist nicht mein Beruf, mich in die Angelegenheiten des Königs einzumischen."
Kommissar: „Leisten Sie den Eid!"
Prior der Kartause: „Sir, es ist mir unmöglich zu begreifen, wie die erste Ehe des Königs, die so feierlich von der Kirche eingesegnet und so viele Jahre als gültig betrachtet worden ist, nun auf einmal ungültig sein soll."

Der Prior wird abgeführt und in den Kerker geworfen. Ein Bischof Heinrichs tritt in die Zelle ein.
Bischof (väterlich): „Mein lieber Bruder, Sie können den Eid ohne Sünde leisten. Beachten Sie die Klausel ‚inwiefern derselbe nichts Unrechtes enthalte'."

Der Prior kehrt in seine Kartause zurück. Die Mönche leisten den Eid auf den König.
Wenig später soll ihr Gewissen erneut auf eine Probe gestellt werden. Cromwell hat die Daumenschrauben erneut angezogen; nunmehr müssen die Mönche den König als Oberhaupt der Kirche anerkennen.

2. Akt: Der Suprematseid
Prior der Kartause (verkündet die Gefahr): „Große Trauer erfüllt mich und mein Herz ist von bitterstem Schmerze gequält. Ihr seht ja, meine Brüder, wie viele Jünglinge, deren Schultern noch nie die Bürde der Sünde trugen, nie sich unter das Szepter des Feindes beugten, hier ein Leben in Unschuld führen. Wenn sie aber erst einmal mit den Sündern zusammen weilen, so steht zu befürchten, dass sie deren Werke lernen und im Fleische vollenden; denn wer mit Verdorbenen um-

geht, wird bald verdorben sein, und wer Pech berührt, besudelt sich."
Mönche (zusammen): „Wir wollen in unserer Unschuld miteinander sterben, und Himmel und Erde sollen uns Zeuge sein, dass man uns ungerecht hinmordet."
Prior der Kartause: „Gebe Gott, es möge so geschehen, dass wir durch solchen Tod das Leben gewinnen, wie uns dasselbe Leben im Tode gefangen hielt!"

Dass die Hürde des Suprematseides für die Ordensangehörigen ungleich höher war als alle Eide zuvor, stand zu befürchten. Die Visitatoren wurden in Rundschreiben eingeschworen, das Dekret der Suprematie unbedingt durchzusetzen, da „noch immer mancherlei Personen, Ordens- und Weltgeistliche täglich nach Kräften die Jurisdiktion des Bischofs von Rom, sonst Papst genannt, so aufrührerische und pestilenzialische und falsche Lehren ausstreuen."

Cromwell suchte sich mit Gewalt durchzusetzen. Als am 4. Mai 1535 die Mönche der Londoner Kartause zum Schafott geschleift wurden, mögen ihre Brüder in der Kartause MOUNT GRACE PRIORY in Angst zusammengerückt sein. Stand auch ihnen das bevor? Abt Houghton soll auf dem Schafott gesagt haben: „Nicht aus hartnäckigem Widerspruchsgeist versage ich dem König den Gehorsam, sondern einzig, weil ich mich fürchte, die Majestät Gottes zu beleidigen." Gleichwohl verstand es die katholische Propaganda, den Tod der sogenannten Erstlingsopfer gehörig zu dramatisieren: „So starben alle ohne ein Wort der Klage. Die grauenhafte Schlächterei endete mit der Vierteilung der Leichname. Die Köpfe wurden an der Londoner Brücke aufgesteckt, ein Arm des seligen Priors Houghton auf Befehl des Königs über dem Torbogen der Kartause aufgehängt. Zwei Tage lang blieb der Arm hängen; dann nahmen ihn die Brüder und begruben ihn zusamt dem bluttränkten Bußhemd des seligen Priors." So abschreckend diese Bluturteile auch durchgeführt wurden – Cromwell war darauf bedacht, die Klosterauflösung möglichst reibungslos zu bewerkstelligen.

Zu den Mitteln Cromwells zum Aufbau der Church of England gehörte außerdem die 1535 initiierte erste Übersetzung der Bibel ins Englische. Die sogenannte „Coverdale Bibel" stärkte nicht nur die Position der englischen Kirche gegenüber Rom, sondern leistete auch der Entwicklung des Nationalbewusstseins Vorschub. Und auch dass heute beim Abendmahl in anglikanischen Kirchen Toastbrot statt einer Oblate gereicht wird, mag darauf zurückgehen. Cromwell trachtete, den römischen Einfluss in England und Wales zurückzudrängen. Eine englische Nationalkirche sollte Bestand haben.

Die Kartause MOUNT GRACE bei Northallerton in North Yorkshire wurde 1389 als letztes Kloster vor der Reformation in der Grafschaft Yorkshire gegründet. Stifter war Thomas de Holand, Earl of Kent und Duke of Surrey, ein Neffe Richards II.

Im Gegensatz zu anderen Orden leben die Kartäuser als Eremiten. Jeder bewohnt eine eigene kleine Zelle. Die Mitglieder der Gemeinschaft kommen nur in der Kirche, im Kapitelsaal und im Refektorium zusammen.

Nach der Aufhebung des Klosters 1539 wurde nicht begonnen, die Gebäude abzureißen. Die neuen Eigentümer der klösterlichen Ländereien überließen die Gebäude der Kartause einfach dem natürlichen Verfall.

Vom Anpeitscher – Thomas Cromwell, Lordkanzler

Im Gegensatz zum Humanisten Thomas Morus musste sich Cromwell die Gunst des Herrschers mühsam erarbeiten. Dass er neben dem König der mächtigste Mann in England werden sollte, war ihm nicht in die Wiege gelegt worden. Der Sohn eines Hufschmiedes und Tuchwalkers, 1485 in Putney geboren, hatte sich vor seiner Hofkarriere als Glücksritter in Italien, als Geschäftsmann in den Niederlanden und in England mit Tuchhandel, Geldverleih und Grundstücksgeschäften über Wasser gehalten. Kurz darauf wurde er Anwalt und zählte bald die Prominenz zu seinen Klienten. Nicht von ungefähr: In Italien hatte er die Staatskunst der Borgias studiert und sich mit Handel und Bankwesen gleichermaßen beschäftigt. Dies brachte Cromwell den Ruf eines Finanzfachmannes ein, und als Heinrich in Geldnöten war, zögerte er nicht, sich die Schatulle von Cromwell wieder füllen zu lassen.

Ansporn für Cromwells Fleiß dürfte nicht zuletzt seine niedrige Herkunft gewesen sein. Als Mitglied des späteren Kronrates, eine Art Kabinett, war Heinrichs Geldeintreiber mehr geduldet als geachtet im erlesenen Kreis standesbewusster Blaublüter. Indes verstand es der spätere Graf von Essex als kluger Menschenkenner, diese Klippen zu umschiffen. Im Kreis der Hofschranzen blieb er ein Einzelgänger, zumal er sich eine Hausmacht durch seine Sympathien zum lutherischen Bekenntnis verscherzte. „Untersetzt und kräftig, hurtig und unermüdlich, gegen Beleidigungen immun und elastisch, mit kalten Augen und plebejischen Händen, in seinem derben Realismus trotzdem witzig", wusste er sich den Ständischen überlegen. Er traute diesen „Ererbten" wenig zu, und so schrieb er an einen Freund: „Du sollst wissen, dass ich seit längerer Zeit auch ein Parlament ertragen habe, das siebzehn ganze Wochen gedauert hat, wo wir uns über Krieg und Frieden ausgetauscht haben, über Streit, Zank, Debatten, Unzufriedenheit, Murren, Reichtum, Armut, Mangel, Wahrheit, Falschheit, Gerechtigkeit, Mäßigung, Verrat, Mord, Schurkerei und auch darüber, wie innerhalb unseres Reiches ein Gemeinwesen aufgebaut und fortgeführt werden könne. Aber schließlich haben wir's so gemacht, wie unsere Vorgänger es zu tun pflegten, nämlich so gut wir's konnten, und sind da stehengeblieben, wo wir begonnen haben."

Realist bis ins Mark, sah der Architekt der englischen Reformation in den Ständen nichts weiter als eine Geldquelle. Sein politischer Ziehvater wurde Kardinal Wolsey, vor ihm die rechte Hand des Königs und nach Heinrich der reichste Mann Englands. Denn wohl kaum ein anderer Kirchenfürst bereicherte sich mehr an den Klosterschätzen des Landes. Wie der dicke Wolsey den Umgang mit den Ordenshäusern pflegte und seinen Stand

Neath Abbey wurde im frühen 16. Jahrhundert als schönste aller walisischen Abteien bezeichnet. Die 1130 von Mönchen aus Savigny gegründete Zisterzienserabtei liegt in der Grafschaft West Glamorgan. 1147 ging Neath Abbey wie Furness an den Zisterzienserorden über.

Die Reste der im 12. Jahrhundert erbauten Klosterkirche zeigen, dass sie dem zisterziensischen „Idealplan" entsprach – mit kreuzförmigem Grundriss, dreischiffigem Langhaus, Querhaus und dreiteiligem flachgeschlossenen Chor. Im Süden schlossen sich die Klostergebäude um einen quadratischen Kreuzgang herum an. In den beiden folgenden Jahrhunderten wurde die Anlage vergrößert und umgebaut, um den Ansprüchen einer größeren Klostergemeinschaft zu entsprechen.

Während der Dissolution wurde auch Neath Abbey 1539 aufgelöst. Das Gelände wurde an einen Adligen verkauft. Dormitorium und Abtshaus wurden in ein Herrenhaus im Tudor-Style umgewandelt. Auch sie ragen heute als gespenstische Ruinen in den Himmel.

für den eigenen Vorteil nutzte, war Cromwell eine ausgezeichnete Lehre, und der Ehrgeiz dieses Machtmenschen mit der hervorspringenden Nase mochte sich allein noch darauf gerichtet haben, Wolseys Prinzip zu „verbessern": Auf Kosten von seinesgleichen konnte Cromwell die maroden Staatsfinanzen nicht sanieren, wohl aber auf Kosten des Klerus. Sympathie hoher Geistlicher mit dem lutherischen Bekenntnis als auch Skandale in Klöstern und Sprengeln erleichterten ihm sein Vorhaben.

Der König ließ seinen Lordsiegelbewahrer und Chefminister gewähren. Nun sollte der Suprematseid seine volle Wirkung entfalten. Das ursprünglich politisch motivierte Gesetz, das als Waffe im Kampf gegen Rom diente, wurde nunmehr umgebaut und erweitert. So bestimmte das Dispensationsgesetz, dass nur in England die einzig gültigen Dispense, das heißt Befreiungen von kirchlichen Gesetzen, für das Königreich erteilt werden konnten. Die traditionellen Zahlungen der Bischöfe anlässlich ihrer Ernennung an Rom wurden unterbunden; nach dem Annalengesetz flossen diese Gelder nun vielmehr an die Krone. Das Übergabegesetz unterstellte den Klerus der staatlichen Gerichtsbarkeit, das Einkunftsgesetz dehnte Abgaben auf geistliche Pfründe aus. Zugleich erkundeten königliche Visitatoren die finanziellen Verhältnisse der Klöster.

Heinrich, im Grunde seines Herzens Katholik, wusste nicht, welche Geister er da beschwor. Doch er brauchte Geld, und so ließ er Cromwell gewähren. Politisch wichtig war ihm einzig und allein der Suprematseid.

Ein Betroffener wie der Bischof von Rochester und Kanzler der Universität Cambridge, John Fisher, muss wohl geahnt haben, dass sich damit wesentlich mehr Unheil anrichten ließ. Die Suprematsakte war nicht nur ein Angriff auf katholische Lehrsätze, sie stellte die Klöster in einen rechtsfreien Raum. Mit der Anerkennung Heinrichs als Kirchenoberhaupt begann der „Klostersturm". Ein Hofgeistlicher wie der sich verweigernde Bischof Fisher hätte letztlich das ganze Konzept ins Wanken gebracht. Im Gegensatz zu anderen Kirchenfürsten pflegte Fisher einen spartanischen Lebensstil, mischte sich nicht unter die Mächtigen und zog es vor, allein mit einem Totenkopf in seinem Palast zu speisen, während ihm ein Priester gregorianische Bibelerklärungen vorlas. Als Matratze genügte dem Bischof eine Strohmatte mit hartem Segeltuch.

Heinrichs Wut entlud sich an diesem bis zuletzt unbeugsamen und den Eid verweigernden Katholiken in dem Augenblick, als Rom ihn zum Kardinal ernennen wollte. Der Bischof musste sterben. Ein Augenzeuge wunderte sich bei der Hinrichtung dieses promi-

Die Ruinen der ehemaligen Zisterzienserabtei Buildwas bei Telford in der Grafschaft Shropshire lassen die Strenge und Kargheit noch erahnen, die in diesen Mauern geherrscht haben müssen.

1135 wurde das Kloster als Tochterabtei der Abtei Furness von Roger de Clinton, dem Bischof von Coventry und Lichfield gegründet. Wie Furness gehörte auch Buildwas zunächst zum Savignac-Orden, der 1147 im Zisterzienserorden aufging. Damit wurden auch die Mönche von Buildwas Zisterzienser.

Die zwischen 1135 und 1200 entstandenen Abteigebäude zeigen den einfachen Grundriss der frühen Zisterzienserklöster, die nach dem „zisterziensischen Idealplan" zu Lebzeiten Bernhards von Clairvaux (um 1090-1153) überall nahezu einheitlich gebaut wurden. Kapitelle und Gewölbe im Kapitelsaal zeigen aber auch schon das elegante, feine Dekor des späten 12. Jahrhunderts. Bereits 1536 wurde Buildwas vom letzten Abt Stephen Greene an den König übergeben.

Das Cluniazenserpriorat MUCH WENLOCK in der Grafschaft Shropshire geht auf das späte 11. Jahrhundert zurück. Gegründet wurde es um 1080 an der Stelle eines verfallenen keltischen Klosters aus dem 7. Jahrhundert. Die ersten Mönche kamen aus La-Charité-sur-Loire, dem ältesten Tochterkloster der Abtei Cluny. Das Kloster wurde am 26. Januar 1540 aufgelöst, nachdem die Mönche es an den König übergeben hatten.

Linkes Bild unten:
BUILDWAS

Von der 105 m langen Klosterkirche von Much Wenlock sind Teile der Querhäuser, der Vierung und des Mönchschors erhalten, die den dreiteiligen Aufriss aus Arkaden, Emporen und Obergadenfenster noch erkennen lassen. Der Mönchschor war ebenso lang wie das Langhaus der Kirche, was zeigt, wie wichtig den Cluniazensern Chorgebet und Liturgie zur ewigen Verherrlichung Gottes waren. Die Langhaussäulen sind bis auf die Säulenbasen abgetragen und von Gras umwachsen.

Neben dem Südquerhaus der Kirche stehen noch die Arkaden des dreiteiliges Kapitelsaalportals. Das Brunnenhaus oder Lavatorium diente den Mönchen dazu, sich vor den Mahlzeiten Hände und Gesicht zu waschen.

nentesten Kirchenmannes, wie in einer solch hageren Gestalt aus Haut und Knochen „ein Mensch so verzehrt sein könne und dennoch Leben in sich habe". Nach der Hinrichtung blieb Fishers Körper nackt und ohne Haut einen vollen Tag im Freien liegen, sein Kopf wurde aufgepfählt und Heinrich soll folgendermaßen gehöhnt haben: „Den Hut (des Kardinals) hat der Papst geschickt, aber er wird den Kopf vergebens suchen, auf den er den Hut setzen wollte!"

Fishers Eintreten gegen den staatlichen Eingriff in Kirchenangelegenheiten und sein Martyrium haben letztlich das Gegenteil bewirkt. Die Klöster schworen den Eid auf den König und konnten nunmehr aufgelöst werden. Ein neues Gesetz verlangte ab 1536 von den Klöstern mindestens 200 Pfund Jahreseinkünfte. Die kleineren Häuser wurden liquidiert. Die Staatsverwaltung war nicht darauf vorbereitet, alle Klöster auf einmal zu schlucken. Somit musste man sich zuerst an den kleineren Ordenshäusern schadlos halten. Die Einziehung des Klostervermögens bildete die ökonomische Basis für die soziale und religiöse Umschichtung im England Heinrichs VIII.

In einer zweiten Enteignungswelle konnten sich auch reiche Klöster wie die 1539 aufgelöste Neath Abbey nicht davonstehlen. Trotz 236 Pfund Einkommen im Jahr, 2200 Hektar Land und 5000 Schafen wurde dabei auch das Vermögen der 1147 gegründeten Zisterzienserabtei in der walisischen Grafschaft Glamourgan zu Geld gemacht: Jetzt bemächtigte sich der Adel der einstigen Klöster. Neath Abbey etwa wurde nach seiner Auflösung 1539 an einen Sir Richard Williams veräußert, der Teile der Abtei in ein Herrenhaus umbaute. Diese wohl schönste walisische Klosteranlage wurde als Steinbruch benutzt. Später wurde daraus eine Kupfermine mit zwei Schmelzöfen, die Quartiere der Laienbrüder wurden als Arbeiterwohnungen genutzt.

Die Getreuen Heinrichs erhielten die Filetstücke: Buildwas Abbey in Shropshire und Much Wenlock Priory ging an den Earl of Shrewsbury, die Perle der Abteien, Rievaulx, bekam der Earl of Rutherland. Thomas Cromwell aber bekam keine Immobilien – er musste sich mit der Ernennung zum Ritter des Hosenbandordens begnügen. Auch das hat ihm wenig genützt: Als sich 1540 der Klostersturm legte, hatte er seine Schuldigkeit getan. Cromwell starb auf dem Schafott.

Die Visitatoren – Der zerstreute Glaube

Die Klosterpforte öffnete sich. Mit wallenden Gewändern ritten die königlichen Kommissare ein, und die Mönche wussten, dass sie sich in den Kapitelsaal zu begeben hatten.

Visitationen waren für Ordenshäuser ein unerbittliches Ritual: Die Inspektoren verlangten mit der Hand auf dem Klostersiegel nicht nur jedem einzelnen Mönch die Treue zum König ab und bestimmten den Jahreswert der Klöster. Sie beförderten auch Missstände ans Tageslicht, über die das einfache Volk schon lange spottete. Zu Anfang des 16. Jahrhunderts war in vielen Ordenshäusern der Geist der heiligen Stifter oft nur noch in der Krypta lebendig. Die Klosterbewohner hatten es sich unter ihren Kutten bequem gemacht. Und jetzt schauten sie sich im Kapitelsaal betreten an. Die Verfehlung eines Einzelnen konnte das Schicksal aller besiegeln. Außerdem nahmen die Schergen des Königs es mit der Wahrheit nicht zu genau. Sie schmückten vielmehr jeden Missstand und jede Verfehlung, die sie fanden, mit dichterischer Freiheit aus. Hatte Cromwell nicht angekündigt, Heinrich VIII. zum reichsten Herrscher der Christenheit machen zu wollen und dafür die Klöster vom Erdboden Englands zu tilgen?

In den Klöstern war man unvorsichtig gewesen, so unvorsichtig, dass die Schergen Cromwells, Dr. Leigh und Dr. Layton, es leicht hatten, Skandalgeschichten aufzutreiben, welche zur Begründung einer Aufhebung dienen konnten. Die Visitatoren wussten, was von ihnen erwartet wurde. „In der Ungnade eines Mannes zu stehen, wie Sie einer sind,", schrieb der Visitator Ap Rice an seinen Herrn, – „ich möchte selbst meinem größten Feinde ein so großes Unglück nicht wünschen".

Die Kommissare hatten Anweisung, die Kanoniker unter 24 Jahren aus dem Kloster zu entlassen. Die Äbte mussten jedem Entlassenen 40 Schillinge sowie priesterliche Kleidung geben. Nonnen sollten solche „Kleider erhalten, wie sie weltliche Weiber tragen und dann gehen, wohin sie wollten".

Dr. Layton, der königliche Inquisitor vor Ort, gab sich alle Mühe, den Erwartungen Cromwells zu entsprechen. Wo ihm dies nicht gelang, verstand er sich aufs Ausschmücken. So schrieb er nach seiner Einstandsvisitation im Winter 1535 an Cromwell: „Wir haben Bath besichtigt. Ich fand, der Prior war ein sehr tugendhafter Mann, aber seine Mönche waren verdorbener als irgendwelche anderen in Verbrechen mit beiden Geschlechtern; einige haben zehn Frauen, andere acht; das Haus ist gut im Stande, hat aber 400 Pfund Schulden. In Farley hatte der Prior acht Huren, die Mönche weniger. Der Ort ist geradezu ein Bordell, und sowohl dort wie in Lewes gibt es widernatürliche Verbre-

Von der Prämonstratenserabtei Cockersand bei Lancaster in der Grafschaft Lancashire ist nur noch der Kapitelsaal erhalten. Im wahrsten Sinne des Wortes liegt er „allein auf weiter Flur". Teile der Abtei sind aber auch unterhalb der Weide im Boden verborgen. Schon als das Kloster noch existierte, war es von Sumpf- und Marschland umgeben, so dass der Zugang dazu immer schwierig war.

Die Abtei ging aus der Einsiedelei des Hugh Garth hervor, der sich 1180 in die Ebene von Cockersand zurückzog. 1190 entstand aus der Einsiedelei die Prämonstratenserabtei.

Kapitelsäle waren nach den Kirchen die wichtigsten Räume der Klöster. Sie waren die Orte, an denen sich die Klostergemeinschaft regelmäßig an die Vorschriften der Ordensregel und der Gewohnheiten der Ordensgemeinschaft erinnerte. Hier gedachte man der Toten, nahm neue Mitglieder in die Gemeinschaft auf und wählte einen neuen Abt. Wenn Gäste kamen – Mönche anderer Orden oder Visitatoren aus dem eigenen Mutterkloster – wurden sie im Kapitelsaal empfangen. Das erklärt die Sorgfalt und die Pracht, die die Ausgestaltung dieser Räume kennzeichnen.

Der Kapitelsaal von Cockersand Abbey war die Grablege der Familie Dalton, die im 16. Jahrhundert in den Besitz der Anlage kam. Vermutlich ist dies der Grund, weshalb der Kapitelsaal als einziger Überrest der Abtei noch steht.

chen. Ich habe genügend Material, um den Prior von Lewes in große Gefahr zu bringen..."

In seinem Bericht empfahl sich Layton für weitere Aufgaben, indem er Cromwell „unsere unentwegte und ungeheuchelte Unterwerfung" bekundete. Nachdem die Klöster im Süden fast vollständig überprüft waren, wurden Dr. Leigh und Dr. Layton 1536 als Generalvisitatoren erneut eingesetzt, um die Untersuchung im Norden Englands fortzusetzen.

In einem Bericht Richard Laytons von dort, in einer Sprache verfasst, die sich an den Unanständigkeiten nachgerade ergötzte, heißt es: »Bury St. Edmunds's John Melford, der Abt findet großes Vergnügen an der Gesellschaft von Frauen und an großen Banketten; er hat Spaß an Karten- und Würfelspiel, weilt häufig auf Bauernhöfen und predigt nicht. Thomas Ringstede, der Prior, und acht andere sind der Unkeuschheit mit Frauen überführt. Sinnlose und fiktive Reliquien: das Hemd von St. Edmund, Blut Christi, Bruchstücke des Heiligen Kreuzes; der Stein, mit dem St. Stephan gesteinigt wurde, die Kohlen, mit denen St. Lawrence geröstet wurde. Sie haben auch die Stiefel von St. Thomas von Canterbury und das Schwert von St. Edmund. Wenn Regen gewünscht wird, so ist es Sitte, den Schrein mit den Gebeinen des St. Botulph in einer Prozession herumzutragen, in der Hoffnung, dass dann eher Regen kommt."

Im Februar 1536 waren die Visitationen abgeschlossen und Cromwell zufrieden, denn endlich gestattete das Parlament, schockiert über die Berichte, die Aufhebung kleinerer Klöster. „Eine Akte, wodurch die Klöster von Mönchen, Chorherren und Nonnen, deren Güter, Ländereien und Pachtzinsen den jährlichen Reinertrag von 200 Pfund Sterling nicht übersteigen, des Königs Majestät und dessen Erben und Nachfolgern auf ewige Zeiten übergeben werden", löste etwa 400 Ordenshäuser auf. Für die Kommissare lohnte es sich, so die Plünderung des Klosters Byleigh in Essex: „Die Waren bestehen aus Tüchern und anderen Einrichtungsgegenständen aus den verschiedenen Zimmern, dem Kinderzimmer, dem Speisezimmer usw.; Betten und Bettzeug; Malz und Zutaten aus der Brauerei, einem Tisch aus Alabaster vom Hochaltar mit Altartüchern, Messbüchern, Gegenständen aus der Marien-Kapelle, der Jesus-Kapelle, der Kreuz-Kapelle, der St. Katharinen-Kapelle und der Sakristei; Gegenständen aus der Küche, der Butterei und dem Hospital; Vieh. Einige Teile des Geschirrs bleiben in den Händen der Kommissare. Viele Gegenstände sind am Rande als verkauft gekennzeichnet."

Die eigentliche Plünderung der großen Klöster begann 1538. Nun genügte der Hinweis auf zu geringes Klostereinkommen nicht mehr. Die Orden mussten des Hochverrats oder des Aberglaubens angeklagt werden. Also wurde geforscht, gefunden und – manipuliert. Den Inspektoren war nunmehr daran gelegen, sich Rückhalt in der Bevölkerung zu verschaffen. Besondere Berühmtheit erlangte in dem Zusammenhang das sogenannte „Gnadenkreuz" des Klosters Boxley, das als Beleg für Aberglauben und Scharlatanerie vorgeführt wurde. Das mechanistische Zeitalter hatte auch vor Jesus am Kreuz nicht haltgemacht, und so schockte diese Apparatur, die „hinten drei gewisse Maschinen und alten Draht mit verfaulten Stöcken" aufwies, „welche die Augen sich bewegen und im Kopf umherwandern ließen wie bei einem Lebewesen und auch die Unterlippe, als ob es sprechen wollte". Danach schrieb ein gewisser John Holer geschockt: „Bel von Babylon ist kürzlich in Stücke zerbrochen worden, ein hölzerner Gott der Leute aus Kent, ein hängender Christus, der es mit Proteus hätte aufnehmen können, denn er nickte mit dem Kopf, blinzelte mit den Augen, bewegte seinen Bart, neigte den Körper, um die Gebete seiner Verehrer zu empfangen. Während die Mönche vor ihm lagen, wurde dieses Ding in ihrem Tempel gefunden; es war umgeben von einer Fülle von Opfergaben. Hinterher wurde es in Stücke geschlagen und ins Feuer geworfen."

Vier Jahre lang durchspähten und durchstöberten die Inspektoren alle Klöster, examinierten die Mönche und Nonnen, die Knechte, Mägde und Dienstboten, schrieben sorgfältig jede wahre oder erfundene Geschichte an Cromwell. Ferner ließen sie sich alle Rechnungen, Einnahmen, Ausgaben

Die Benediktinerabtei St. Augustines Abbey in Canterbury in der Grafschaft Kent wurde im Jahre 598 gegründet. Sie war Grablege der Erzbischöfe und Könige von Kent. Die Abtei, die zu ihrer Zeit eines der größten Benediktinerklöster überhaupt war, erhielt in den siebziger Jahren des 11. Jahrhunderts eine neue Abteikirche. Außer den Torhäusern und einem Labyrinth von Fundamenten ist davon allerdings wenig übrig.

Nach der Klosterauflösung 1538 wurden Teile von Kreuzgang und nordwestlichem Ende des Kirchenschiffes zu einem königlichen Palast umgebaut. Später wurden die Gebäude als Brauerei genutzt, bis 1844 das St. Augustine's College einzog, eine Schule zur Ausbildung von Geistlichen der Church of England.

und Besitztitel vorlegen und suchten mit Argusaugen nach Kleinigkeiten, die zu Anklagen wegen schlechter Verwaltung Anlass boten. Sie erforschten Bibliotheken und Zellen, und wenn sie ein Buch oder ein Blatt fanden, das sich für die päpstliche Suprematie aussprach, dann galt die schlechte Gesinnung des Klosters dem König gegenüber als erwiesen und es wurde die Aufhebung des Ordenstandes verfügt.

Ende 1538 waren nur noch wenige Klöster übrig, nur wenige Abteien hatten sich bis dahin ihrem Schuldspruch entzogen. Hunderte von Bildern und Reliquien waren verbrannt. und die Klosterinquisition fand kaum mehr lebende Äbte, die sie anklagen konnte. Am 24. April 1538 lud die Dissolution sogar einen Toten vor Gericht. Der königliche Rat erschien vor dem Grab des Thomas Becket, der seit mehr als dreihundert Jahren als Heiliger verehrt wurde. Es muss schon seltsam ausgesehen haben, wie da eine Kommission über eine Grabplatte richtete. Das Urteil über den Heiligen ließ an Deutlichkeit nichts zu wünschen übrig: Thomas habe während seines Lebens das Königreich in Unruhe gestürzt. Über den Toten wurde die Todesstrafe ausgesprochen, seine Gebeine öffentlich verbrannt und in alle Winde zerstreut. Das Schicksal von St. Augustine's Abbey war damit besiegelt. Am Abend des 19. Mai 1538 verließen 26 Wagen die Tore von Canterbury in Richtung London – angefüllt mit dem Gold und dem Silber aus dem Schrein des Märtyrers.

Nonnen auf der Flucht – Der ausgesetzte Glaube

Als Cromwell von den Klöstern einen Mindestertrag ihrer Sprengel von 200 Pfund verlangte, ahnten die meisten Äbte, daß die Tage ihrer Ordenshäuser gezählt waren. Angesichts solcher Aussichten fiel es vielen Klostervorstehern leichter, der Verlockung einer großzügigen Pension nachzugeben und die Klausur der Krone zu übergeben. 1537, ein Jahr nach der ersten Auflösungswelle, waren in England noch 3000 Mönche und Regularkanoniker und rund 800 Nonnen in ihren Mauern geblieben.

FURNESS ABBEY in der Grafschaft Lancashire wurde bereits 1537 freiwillig aufgegeben, nachdem kurz zuvor die Nachbarabtei in Whalley aufgelöst worden war. „Ich erwartete", schrieb Richard Southwell, der Kommissar der Übergabe, „die Mönche von der Anlage verteiben zu müssen. Aber sie hatten nie gedacht, daß sie genügend Geld bekommen würden. Wie auch immer, ich gab ihnen vierzig Schilling aus des Königs Schatulle, das letzte, was ich geben konnte, und erinnerte sie daran, daß die Verräter von Whalley nicht mehr bekommen hatten."

Andere Klöster folgten: Im November die große Cluniazenserabtei Lewes, dann Waren, und als 1539 das Scheinparlament in London alle künftigen Übergaben legalisierte und deren Besitztümer der Krone zuwies, gaben die übrigen Häuser von sich aus auf. Im Frühling 1540 war das Klosterleben schließlich zu Ende. Das Regime, um eine möglichst geräuschlose Übergabe bestrebt, hatte es verstanden, die Aufgabe entscheidend zu erleichtern: Äbte und Prioren erhielten großzügige Pensionen und alle Arten von Pfründen – Landhäuser, Gold, Juwelen –, die willigsten der Mönche eine Art Bonus und eine lebenslange Rente. Manche Gottesleute legten ein beachtliches Geschick bei ihren Ausstiegsverhandlungen mit Cromwell an den Tag: „Ich bin bereit zurückzutreten und das Kloster zu verlassen", offerierte etwa der Abt von Pershore dem „Hammer der Mönche", um sogleich hinzuzufügen: „... wenn es eine gute Pension für mich und meine Mönche gibt." Cromwells Angebot von 160 Pfund im Jahr plus Garten, Obstanlage und Teich auf 15 Jahre konnte besagter Abt sich schließlich nicht versagen. Verständlich: Seine Kollegen erhielten üblicherweise nur 60 Pfund in halbjährlichen Raten ausbezahlt.

Indes zogen nur die Angehörigen der großen Abteien derart begütert ihres Weges. Und dies auch nur für kurze Zeit: Die einsetzende Preissteigerung fraß binnen kurzem auch die beste Pension auf. So bemerkte der kaiserliche Gesandte Chapuys: „Es ist eine beklagenswerte Sache, Legionen von Mönchen und Nonnen zu sehen, die aus ihren Klöstern vertrieben worden sind und die jetzt heruntergekommen

Die in einem Tal auf der Halbinsel Furness gelegene Zisterzienserabtei FURNESS in der Grafschaft Cumbria wurde 1124 durch den späteren englischen König Stephen (um 1095-1154) gegründet. Die Abtei war das erste und wichtigste Haus des Savignac-Ordens auf den Britischen Inseln. Als die Klöster des normannischen Reformordens von Savigny 1147 im Zisterzienserorden aufgegangen waren, übernahm auch FURNESS 1150 die Zisterzienserregeln.

hin- und herziehen und nach Möglichkeiten suchen, ihr Leben zu bestreiten; und mehrere ehrenwerte Männer haben mir berichtet, daß es über 20000 Mönche Nonnen und Personen gibt, die von den unterdrückten Klöstern abhängen; sie alle wissen nicht, wie sie leben sollen."

Obwohl gut organisiert, lohnte sich die Dissolution für die königliche Schatzmeisterei letzten Endes wenig. Einerseits wollten viele Günstlinge zufrieden gestellt und Pensionen ausbezahlt werden. Andererseits machten die Sprengel zwar rund ein Viertel des Vermögens der Krone aus, der massive Verkauf von Gütern und Ländereien führte jedoch zu einem rasanten Preisverfall. Infolge des Überangebots sank der Pachtzins um ein Zehntel, und oftmals mussten Ländereien sogar verschenkt werden, da sich kein Käufer fand. Der nominelle Wert der Klöster, rund 2 Millionen Pfund, wurde längst nicht erzielt. Die Auflösung eines Klosters begann gemeinhin mit dem Bruch des Klostersiegels. Danach wies der Kommissar den Mönchen ihre Pensionen zu, alsdann wurden Silberzeug, Kirchengefäße und Kleinodien für den König beseite gelegt, Hausgeräte und Güter verkauft, Bleifenster an Ort und Stelle eingeschmolzen. Das erlöste Geld wurde in einen sogenannten Augmentationsfond eingezahlt. Abtwohnung und Verwaltungsgebäude wurden Interessenten aus dem Adel offeriert. Von der Kirche, dem Kloster und den Mönchszellen wurde alles, was noch gebraucht werden konnte, einbehalten. Stolz vermeldete da ein Kommissar Belafys, allein das Blei vom Dach der Abtei JERVAULX betrage 365 Fuder (was 3,6 Tonnen entspricht), nur könne es wegen des Winters leider nicht nach London ge-

Als mächtiger Riegel aus rotem Sandstein erhebt sich der Rumpf des Kirchenquerschiffes über die Ruinen der Abtei. An das Südquerhaus grenzt der Kapitelsaal. Seine Fassade mit ihren imposanten Arkaden lässt den Wohlstand des Klosters erahnen. In der Tat war FURNESS ABBEY die mächtigste Abtei im Nordwesten und eine der reichsten Zisterzienserabteien ganz Englands, die auch in Irland und auf der Ile of Man Land besaß.

Deshalb war es am 9. April 1537 das erste der wichtigsten Klöster, die im Zuge der Dissolution aufgelöst wurden. Thomas Cromwell ließ das Blei schon von den Dächern reißen, bevor die Mönche FURNESS verlassen hatten.

bracht werden. Desweiteren fragte er bei Cromwell an, ob es nicht besser sei, die Glocken nach London zu bringen, um einen höheren Preis zu erzielen, denn vor Ort könne er nur 15 Schilling erlösen.

Nutznießer dieser gewaltigen Umverteilung des Landbesitzes war der Landadel, der sich mit Königstreue revanchierte. Am Ende des Jahrhunderts war der Klosterschatz verschleudert.

Das Dormitoriumsgebäude, in dem die Mönche schliefen, ist der am besten erhaltene Teil von Jervaulx Abbey. Die Zisterzienserabtei bei Leyburn in North Yorkshire ist in einem Park mit altem Baumbestand gelegen.

Jervaulx Abbey wurde ein paar Meilen vom heutigen Standort gegründet. Erst 1136 zogen die Mönche hierher um. Jervaulx Abbey gehörte bis 1147 zum normannischen Reformorden von Savigny. Dann schloss es sich wie die übrigen Häuser dieses Ordens den Zisterziensern an.

Die Klosterauflösung unter Heinrich VIII. ging hier besonders brutal vor: Den letzten Abt und einen der Mönche ließ man hinrichten und die Kirche wurde in die Luft gesprengt.

Richard Whiting – Der gevierteilte Abt

Auch ein abgebrühter Visitator wie Richard Layton konnte noch ins Staunen kommen. „Das Haus ist groß, prächtig und so fürstlich, wie wir desgleichen nie gesehen haben", berichtete er über seinen Besuch in GLASTONBURY.

Zu Beginn des Jahres 1539 waren alle Klöster in der Grafschaft Somerset aufgelöst, allein GLASTONBURY hatte dem Klostersturm getrotzt. Sein Ruf war legendär: Jeden Mittwoch und jeden Freitag strömten die Armen vor die Tore der Abtei, und zeitweilig soll Abt Richard Whiting mit bis zu 500 Menschen zusammen gespeist haben. Legendär ist auch die Klosterbibliothek, die größte des Landes. Rund 500 Manuskripte lagerten hier, das war für damalige Verhältnisse eine enorme Zahl. Kaum hatte Layton die Schwelle überschritten, „als eine heilige Scheu ihm beim Anblick der ungezählten Schätze des Altertums auf einen Augenblick den Eintritt zu verwehren schien". Tagelang schloss er sich daraufhin im Armarium, der Bibliothek, ein.

Dass Richard Layton solch ungewöhnliche Mühe aufwendete, hatte seinen Grund. Am Samstag, den 21. August 1535, hatte er GLASTONBURY schon einmal einen Besuch abgestattet und war montags wieder abgereist. Ergebnislos und verärgert. Der Hauptmann dieser Truppe, „die unverlegen Fragen stellen konnte, die keinem anderen menschlichen Wesen in den Sinn gekommen wären; die das Stottern, Zittern, Erröten, ja das unwillige Schweigen des Befragten als ebenso sicheres Zeichen der Schuld zu erklären wusste" – dieser „Anwalt der Destruktion" hatte eine Niederlage hinnehmen müssen. „Von GLASTONBURY", schrieb er seinerzeit an Cromwell, „ist nichts Besonderes zu berichten". Die Brüder würden „so streng gehalten", dass sie keine Straftat begehen könnten, doch wenn sie die Gelegenheit dazu hätten, verstieg er sich zu behaupten, würden sie gerne eine begehen.

Dass Layton dem Abt von GLASTONBURY ein gutes Zeugnis ausstellen musste, mag jahrelang in ihm genagt haben. Und Cromwell war darüber ebenfalls nicht entzückt. Im Nachhinein entschuldigte sich der Visitator für sein Urteil bei seinem Meister: Die kränkelnde Existenz von Abt Richard Whiting hätte vielleicht doch zu sehr den Gutmenschen in ihm berührt. „In dieser meiner Not möchte ich darum Exzellenz demütigst bitten, mir, wie Sie schon oft getan, die damals begangene Narrheit zu verzeihen und auch Seine Hoheit, den König, in dieser Angelegenheit zu beschwichtigen suchen."

Am 19. September 1539, vier Jahre später, hatte Layton Gelegenheit dazu. Morgens um zehn Uhr trat er ohne Voranmeldung in GLASTONBURY ein, die

Kommissare Pollard und Moyle an seiner Seite. Whiting befand sich in seinem Landhaus, eine Meile entfernt, und wenig später standen Layton und seine Schergen dem Abt gegenüber.

Die Anrede könnte sich dann so angehört haben: „Abt von GLASTONBURY, Eure Antwort bei unserem letzten Besuch war nicht unserem Zweck entsprechend, wir raten Ihnen dringend, sich zu erinnern, was Sie vergessen haben. Sagen Sie uns die Wahrheit! Widerstand ist zwecklos. Ihr Haus wird geschlossen, so oder so."

In den folgenden Wochen durchsuchten die Kommissare jeden Winkel des alten Gemäuers. Von ihrer Tätigkeit berichteten sie Cromwell danach mit unverhohlenem Stolz: „Wir fanden täglich Gold und Schmuck verborgen und den Blicken entzogen in Mauern, Kellern und anderen geheimen Orten, sowohl beim Abt als auch bei den anderen des Konventes. Wir mussten Nächte aufwenden, um Briefe und Bücher zu studieren, und fanden in seinen Notizen geheime Gedanken wie ein Buch mit päpstlichen Argumenten gegen die Scheidung eurer königlichen Majestät und der Lady Witwe, ebenso Ablassbriefe, Kopien von Bullen und die gedruckte Lebensbeschreibung des Thomas Becket."

Das war genug. Richard Whiting, der letzte Abt von GLASTONBURY, wurde in den Tower von London gesteckt. Das päpstliche Schriftstück hatte im Urteil der Schergen „seine faule, verräterische Gesinnung gegen Seine Majestät, den König", erhellt. „Bis jetzt", verlautete wenig später aus einem Zwischenbericht, „haben wir weder Mönche noch Diener entlassen; doch, da der Abt jetzt beseitigt ist, werden wir so schnell als möglich mit ihnen fertig zu werden suchen. Geld haben wir etwas mehr als 300 Pfund. Wie viel das Silbergeschirr und die übrigen Kostbarkeiten ausmachen, wissen wir noch nicht. Auch möchten wir Euer Exzellenz mitteilen, dass wir einen hübschen, goldenen Kelch und mehrere Pakete mit silbernen Gegenständen entdeckt haben, die der Abt vor den Kommissaren, die vor uns hier waren, zu verbergen wusste". Während „Tag für Tag Geld und Silberartikel" an den heimlichsten Orten aufgespürt wurden, so viel, dass dies nach Meinung der Klosterschleifer zum Bau einer neuen Abtei gereicht hätte, wartete Richard Whiting auf seine Hinrichtung. Wohl mochte er die Suprematiedeklaration 1534 noch unterschrieben haben, im Angesicht seiner Richter verweigerte er jedoch den Schwur auf den König.

Mittlerweile war GLASTONBURY geplündert. Rund 11 000 Unzen Gold, Möbel, 1 100 Pfund Barschaft sowie die reichen liturgischen Gewänder hatten mehr als gelohnt. Nachdem aus Whiting keine neuen Erkenntnisse über weitere Verstecke herauszupres-

Die nach 1184 erbaute zweite Abteikirche der Benediktinerabtei GLASTONBURY war mit 177 m Länge eine der längsten Klosterkirchen überhaupt.

sen waren, wurde er aus dem Tower entlassen und nach Wells überstellt. Dort urteilte eine Jury kurz und knapp: „Der Abt von GLASTONBURY wurde mit zweien seiner Mönche wegen Beraubung der Kirche verurteilt und hingerichtet."

Tatsächlich entlud sich der ganze Hass des Regimes auf die katholischen Kleriker an dem mittlerweile Achtzigjährigen: Am 15. November wurde er zunächst in einer Pferdesänfte von Wells nach GLASTONBURY gebracht. Galgen, Brühkessel und Schlachtmesser standen schon bereit, als er auf einen Hügel namens Tor geschleppt wurde. Selbst im Tod versuchte man noch, ihm seine Würde zu rauben. Ein Agent des Königs berichtete danach: „Er bat Gott und den König für die schweren Kränkungen Seiner Hoheit um Verzeihung, nahm den Tod sehr geduldig hin, worauf sein Kopf und sein Rumpf in der Weise versandt wurden, wie ich Ew. Exzellenz schon im letzten Briefe berichtet."

Man hätte es auch unverblümter ausdrücken können: „Der Körper des Abtes wurde in vier Teile zerlegt." Der Kopf wurde auf das Tor der Abtei gespießt, ein Viertel des Körpers wurde in Wells, ein anderes in Bath und die übrigen Körperteile in Ilchester und Bridgewater ausgestellt. Ein Exempel oder, wie ein Schreiber Heinrichs bemerkte, „ein Beispiel des Lohnes und Endes von Verrätern, woran Untertanen und Diener treuen Gehorsam gegen ihren erhabenen Souverän und Herrn, Seine Hoheit den König, lernen mögen".

Das benediktinische LINDISFARNE PRIORY liegt auf Holy Island vor der schottischen Ostküste in Northumberland. Die Abtei war eine der ersten klösterlichen Niederlassungen auf den Britischen Inseln überhaupt. Sie geht auf das Jahr 635 zurück, als St. Aidan sich auf der Insel Holy Island niederließ und das Kloster gründete. Heute noch steht eine Statue des Heiligen vor den Ruinen der Abteikirche.

875 wurde das Kloster von den Dänen zerstört und blieb ein verlassener Ort bis zur erneuten Klostergründung im Jahre 1073 durch Bischof Wilhelm von Calais. Es entstand nun neu als Priorat der Abtei Durham und das fast zwei Jahrhunderte lang erloschene Heilige Licht begann in LINDISFARNE wieder zu leuchten.

IN DIESEN GOTTESFERNEN ZEITEN – DIE REGELN

Auf dem Acker der Armut

Die Ende des 11. Jahrhunderts begonnene Klosterkirche von LINDISFARNE PRIORY, deren Mauern und isolierten Rundbogenarkaden der Zeit teilweise getrotzt haben, muss immer einen strengen und herben Eindruck gemacht haben. Die Wände waren schmucklos und die Zickzackprofile der Arkadenbögen mögen den harten Eindruck, den die Architektur vermittelte, noch verstärkt haben.

Bei Ebbsfleet in Kent steht auf einem kleinen Hügel ST. AUGUSTINE'S CROSS, ein Kreuz mit keltischen Flechtwerkornamenten. Es kennzeichnet die Stelle, an der Augustinus von Canterbury, der Apostel Englands, im Jahre 597 zum erstenmal auf britischen Boden gepredigt hat (Bild unten rechts).

Unbekanntem wohnt gemeinhin ein sich nicht zu entziehender Zauber inne. Man möchte von seinen Errungenschaften profitieren, ohne dabei das Zepter aus der Hand zu geben – der Zauber könnte sich ja gegen einen wenden. Dem Heiligen Augustinus von Canterbury jedenfalls muss der Ruf des Unbekannten vorausgeeilt sein, als er als römischer Missionar 597 mit 40 Mönchen im Gefolge in England eintraf: Ob sein Gastgeber, der angelsächsische König Ethelbert, ihm einen herzlichen oder eher unterkühlten Empfang bereitete, ist nicht überliefert. Gleichwohl muss man diesem Empfang das Etikett „Seltsam" zuerkennen, denn der König weigerte sich beharrlich, Augustinus in seinen Mauern zu empfangen. Mehr noch bestand Ethelbert darauf, sich mit dem späteren Apostel Englands nur unter freiem Himmel zu treffen. Zu groß war die Furcht, bei einem Gespräch in vier Wänden von den magischen Künsten des Fremden überrumpelt zu werden. Der König von Kent dachte nicht daran, sich von der Religion dieses Gesandten aus einer fremden Welt behexen zu lassen und von seinen alten Bräuchen Abstand zu nehmen.

Augustinus selbst war mit gemischten Gefühlen nach England gekommen. „Den Angeln das Evangelium predigen", lautete sein Auftrag. Auf dem Weg nach England waren ihm Berichte über die Rohheit und Grausamkeit der Angeln zugetragen worden, mehrmals hatte er Papst Gregor ersucht, ihn „dieser mühseligen und gefahrvollen Sendung zu entheben" – doch vergebens. Als er schließlich Thanet in der späteren Grafschaft Kent erreichte und eine Insel als Unterkunft zugewiesen bekam, fühlte er sich in seinen schlimmsten Befürchtungen bestätigt.

„Die alten Göttertempel sollen nicht zerstört, sondern nach Zertrümmerung der Götterbilder mit Weihwasser besprengt, mit Altären geziert und Reliquien darin niedergelegt werden", so lautete der Auftrag von Papst Gregor dem Großen an Augustinus. Wie aber sollte er die Tempel „in Bethäuser des wahren Gottes umschaffen, damit das Volk, die Erhaltung seiner Tempel sehend, von ganzem Herzen seinen Irrtum ablege", wenn er von misstrauischen Garden eines heidnischen Königs umzingelt war?

Doch hatte Augustinus Ethelberts Ehrgeiz unterschätzt. Dem schlauen König der Angeln war mehr an der Festigung seiner Macht als an irgendeiner Religion gelegen. Außerdem waren die Anhänger des Christentums auch keine Scheusale. Schließlich war Bertha, Ethelberts Gemahlin, auch Christin. Kurzum, Ethelbert handelte nach dem Prinzip „eine Religion ist wie die andere" und ließ sich taufen. Der römische Kaiser, wie er den Papst nannte, war in sicherer Entfernung. Dessen Anerkennung hingegen konnte im Ringen um die Macht mit konkurrierenden Clans nur förderlich sein.

Obwohl die Mönchsgemeinschaft des Augustinus immer noch einer streng bewachten Residenz von Ausländern glich, deren Dienste man zu schätzen weiß, die aber auch den Keim von Unruhestiftern in sich tragen, bekam der spätere Heilige die Erlaubnis, in Canterbury zu predigen. An Weihnachten 597 soll er dann angeblich 10 000 Angeln in den Wassern des Swale getauft haben.

Ein Jahr später gründete der Apostel Englands mit St. Peter und Paul die erste Abtei in England.

England glich nunmehr „einem Ackerfelde, welches in hohen gereiften Ähren dastand, nur auf den Schnitter wartend, der die Sichel ansetzte und die Garben sammelte. Der Schnitter war der heilige Augustin."

Die Urabtei Englands, St. Peter und Paul, die spätere ST. AUGUSTINE'S ABBEY, spiegelt die nun beginnende Auseinandersetzung um den gottgefälligsten Weg wider. „Besser, schöner, größer, gottgerechter" galt auch für diesen Benediktinerbau. Als später deren Abt Wulfric die Vereinigung der Abteikirche mit der Kirche der Heiligen Maria plante, starb er 1059 plötzlich, von einer Krankheit niedergestreckt. Nach Aussagen des normannischen Mönches Goscelin missfiel der Heiligen Jungfrau die Zerstörung der Kirche, weshalb sie ihren fehlgeleiteten Diener ins Himmelreich befahl.

Was gottgerecht ist, darüber war man sich in Ordenskreisen nie einig. Sicher waren, als das Mönchtum in England zu Beginn des 7. Jahrhunderts Fuß fasste, damit nicht Kirchenpaläste wie Rievaulx oder Tintern Abbey gemeint, die ob ihrer Größe weithin sichtbar das Landschaftsbild bestimmen. Vielmehr war das Gegenteil der Fall: Den Stiftern der wichtigsten Ordensregeln, Augustinus und Benedikt, war daran gelegen, sich weitgehend unsichtbar zu machen.

Der ältere, Kirchenvater Augustinus von Hippo, verbrachte sein Leben in der Wüste. Indes hatte dieses Asketentum nichts Heroisches; Augustinus war dieses Leben eine natürliche Ausdrucksform, um mit Gleichgesinnten ungestört diskutieren zu können. So introvertiert dieser im Jahr 354 geborene und 430 gestorbene Urmönch auch war – seine Ansichten beweisen das Gegenteil: Das Kloster war ein Zentrum, um zu meditieren, um mit Gleichgesinnten zu reden, ein eigenes spirituelles Leben zu führen. Dann aber sollte man in die Welt hinausgehen, zur Arbeit in die Stadt, in die Diözese, um dieses Wissen unter die Menschen zu bringen. „*Ora et la-*

bora" – „Bete und Arbeite", diese wohl berühmteste Regel des heiligen Benedikt geht in Wahrheit auf Augustinus zurück.

Auch wenn Ordensgründungen späterer Zeiten immer vor der Entscheidung standen, welcher Regel man zukünftig folgen sollte, – der augustinischen oder der benediktinischen –, in ihren wesentlichen Grundzügen unterscheiden sie sich nicht: Armut, Arbeit, Demut und Sorge für die Gemeinschaft ist beiden wichtigste Voraussetzung eines mönchischen Lebens. Dass die um 529 verfasste Regel des heiligen Benedikt im Abendland die vorherrschende wurde, ist weniger einer grundsätzlichen Verschiedenheit vom Verständnis des Ordenslebens zuzuschreiben als dem Umstand, dass Benedikt von Nursia es verstand, die Idee des Mönchtums dem nüchterner denkenden und auf Organisation ausgerichteten Abendland anzupassen.

Wenngleich Benedikt von Nursia nie und nimmer ein Kirchenbau wie etwa das 1152 gegründete RIEVAULX im Sinn gehabt hat – ihm schwebte ein schlichter Ort des Gebets vor –, so beeinflussten seine Gedanken doch noch mehr als ein halbes Jahrtausend später die Reformorden. Zurück zu den benediktinischen Anfängen; das war die Grundeinstellung der Reformorden wie Zisterzienser, Prämonstratenser, Kartäuser. Mehr noch – sie wurden vom 11. Jahrhundert an, der Blütezeit des Mönchswesens, neu belebt und ausgebaut.

Wohl kein Orden hat den „Oasengedanken" des heiligen Benedikt so betont wie die Zisterzienser. „Das Tal ist von hohen Hügeln umgeben, die es wie eine Krone einfassen. Diese erhalten in lieblichen Zufluchtsorten dem Tal die Abgeschiedenheit, wodurch den Mönchen eine Art zweites Paradies in der Herrlichkeit des Waldes zur Verfügung steht", schreibt ein unbekannter Chronist über die Abtei RIEVAULX. Indes zeigte die Neubesinnung auf die benediktinischen Wurzeln im 11. Jahrhundert die Größe der Regel des Heiligen aus Nursia auf. Wer sie befolgte, konnte sich der Bewunderung seiner Umwelt sicher sein. Es ist diese gelebte Faszination, die schließlich zur Blütezeit des Mönchtums führte. Ein Abt wie Ailred von Rievaulx, der nicht nur die Türen des Geistes, sondern auch die seiner Heimstatt offenhielt, konnte sich der Bewunderung seiner Mitmenschen sicher sein: „Er verwandelte das Kloster von RIEVAULX in eine Festung zur Unterstützung der Schwachen, zur Ernährung der Starken und Gesunden. Gab es einen, der, sonst auch verachtet und zurückgewiesen, dort keinen Ruheplatz fand? Und so kamen jene Wanderer, die kein Kloster einließ, nach RIEVAULX, der Mutter der Barmherzigkeit, und fanden die Tore offen."

Die Reste der Zisterzienserabtei Rievaulx in North Yorkshire liegen abgelegen am Ufer des Flusses Rye. Rievaulx wurde 1132 als erste Zisterzienserabtei in Nordengland gegründet. Die ersten Mönche und ihr Abt kamen aus Clairvaux in Burgund. Rievaulx wurde eine „Mutterabtei", von der aus viele jüngere Abteien wie Dundrennan oder Melrose besiedelt wurden.

Trotz derartiger Lobeshymnen darf man nicht außer Acht lassen, dass das Leben weit über das benediktinische Maß hinaus einförmig, geregelt und monoton war: „Beim Abendessen werden die Überreste der vorhergehenden Mahlzeit wieder aufgetragen. Ruhen sie auf ihren Betten aus, liegt jeder allein und gegürtet, in Gewand und Talar im Winter wie im Sommer. Sie haben keinen persönlichen Besitz; sie sprechen nicht einmal miteinander; keiner unternimmt irgend etwas aus eigenen Stücken. Alles, was sie tun, geschieht auf das Zeichen des Kopfnickens des Abtes", schreibt besagter Chronist.

Dass die benediktinische Idee ein halbes Jahrtausend nach ihrer Niederschrift eine solch mächtige Wiedergeburt feierte, die gerade in England zu einem wahren Bauboom von Klöstern führte, zeugt von ihrer über Generationen hinweg wirksamen Strahlkraft. Schlicht und fromm zeigte sie eine kluge und feinsinnige Einsicht in die menschliche Natur und verband unnachgiebige Forderungen von Gehorsam und Beständigkeit mit Mäßigung und Menschlichkeit.

Von außen erschienen die weißen Mönche der Zisterzienser ihren Betrachtern zuweilen wie folgt: „Wie

Schwärme von Seemöwen versammelt, leuchten sie beim Gehen wie das Weiß des Schnees. Sie verehren die Armut, sind verbunden durch feste Bande der Barmherzigkeit. Sie treten die Blumen der Welt mit den Füßen des Vergessens, sehen Reichtümer und Ehre als Mist an, schlagen mit der Faust des Gewissens in das Gesicht vergänglicher Dinge."

Der Blick hinter die Kulissen offenbarte indes die rauhe Wirklichkeit: „Plough or perish, dig or die" – Pflüge oder verrecke, buddele oder stirb", war das gängige Motto der Pioniermönche von Tintern Abbey, der ersten Zisterziensergründung 1132 in Wales. Schenkungen lehnten die Mönche ab, das Land musste eigenhändig bestellt sein. Hinter aller Weltenferne war dies die weniger spirituelle Seite der Mäßigung.

Seine größte Zeit hatte Rievaulx unter seinem dritten Abt, Ailred, (um 1110-1167), der der Abtei von 1147 bis 1167 vorstand. Unter ihm entstanden viele der zum Teil noch erhaltenen Gebäude. Zur Zeit von Abt Ailred lebten hier 140 Mönche mit 500 Laienbrüdern und weiteren im Kloster bediensteten Laien. Der Abt verglich deshalb sein Kloster mit einem Bienenstock.

Die Architektur der großen Klosteranlage entstand im 12. Jahrhundert und im ersten Viertel des 13. Jahrhunderts.

Nach vierhundert Jahren beendete die Dissolution die Geschichte von Rievaulx. Am 3. Dezember 1538 überantworteten der letzte Abt und seine 21 verbliebenen Mönche die Abtei dem englischen König.

Tempel des Irrtums – Die Gründer

Das englische Mönchtum beginnt nicht mit einer Vision, wie es Legenden gerne glauben machen. Es beginnt kurioserweise auf einem römischen Sklavenmarkt. Selten genug ist das Staunen auf Seiten der Bekehrenden, in diesem Fall aber rieb sich ein Papst höchstselbst die Augen: Gregor der Große, so will es ein Bericht, habe „zu Rom einige Knaben (gesehen), die dahin zum Verkauf gebracht worden waren und die sich durch ausnehmende Schönheit, besonders aber durch ihre rötlichen Haare bemerkbar machten. Auf sein Befragen, welchem Volke und welcher Provinz sie angehören, erfuhr er, sie seien Engländer von Geburt, aus der Provinz Deira und ihr König hieße Alle." Gregor, bis dahin vom Unglauben auf der Insel der Angeln überzeugt, soll sich daraufhin auf folgende Herleitung des Volksnamens verstanden haben: „Gut gesagt, sie sind Engländer (Angli), ihr Angesicht glänzt wie das eines Engels (Angeli), sie sind aus der Provinz Deira, sie sollen von dem Zorn Gottes (de ira Dei) befreit werden, gut auch, ihr König heißt Alle – denn seinem Lande soll das Alle-luja gesungen werden."

Die Idee einer Missionierung der Britischen Insel nahm Form an: Der Papst ließ mehrere Jünglinge unter 18 Jahren ankaufen und in christlichen Klöstern erziehen. 596 dann entschloss sich der Pontifex maximus, eine Mission nach England zu senden.

Gleichwohl hat sich das Mönchtum auf der Insel nicht so beständig entwickelt, wie es die Metapher von Augustinus, dem Schnitter, glauben macht. England war bestimmt nicht das gereifte Ährenfeld, bei dem man nur die Sichel anzusetzen brauchte. Wohl konnte Augustinus von Canterbury, der Apostel Englands, unter den misstrauischen Augen König Ethelberts Weihwasser auf heidnische Götterstätten sprengen und diese Tempel des Irrtums dem Christentum übereignen, allein die nördlichen Gefilde der Insel verweigerten sich dem Werben des vermeintlich besseren Glaubens vehement.

Für einen Heiligen sind Zeichen und Wunder immer noch bestes Mittel der Überzeugung. Indes gab sich Augustinus in Wunderdingen nicht sonderlich innovativ, als er unter den Augen der misstrauischen Kelten einen Blinden heilte – beeindruckt waren diese davon nicht. „Sie gingen von dem Althergebrachten, an dem sie hingen, nicht ab", fasste ein Chronist enttäuscht das Ergebnis seiner Heilungsbemühungen zusammen, das Wort „Glauben" in Verbindung mit den Kelten tunlichst vermeidend. „Sehr unwissend und moralisch herabgekommen", befand er. In den folgenden drei Jahrhunderten kam das Mönchtum und mit ihm das religiöse Leben Englands durch die Überfälle der Wikinger nahezu zum Erliegen.

Mehr als alle anderen Abteien steht daher GLASTONBURY für die Wiederbelebung des Mönchtums auf der Insel in der Mitte des 10. Jahrhunderts. Und es bedurfte eines Abtes wie Dunstan, der dem Teufel in die Nase zwickte und den Kongregationen auf der Insel zu nie gewesener Größe verhalf. Auch auf dem Festland erneuerte sich das Mönchtum. In der Zeit Karls des Großen waren die Klöster zum politischen Faktor und zum Träger der abendländischen Einheit geworden. Ein einheitliches benediktinisches Mönchtum war entstanden, das mit der Förderung durch den Adel seine monastische Unabhängigkeit verlor. Mönche wirkten durch Mission, Kolonisation, Schule, Schreibstube und Kunstwerkstatt in die Welt hinein, fürstliche Herren hatten sich Rechte auf Gebetshilfe und Klosterertrag, Gastrecht sowie Mitsprache bei der Abtwahl gesichert. „*Opus dei*" – das Werk Gottes – war ein sehr weltliches geworden. Wo das Klosterwesen derart im Zeitenstrom stand, musste es von geschichtlichen Fluten mitgerissen werden: Dem Ende der karolingischen Herrschaft widerstand auch das frühe Mönchtum nicht. Symbolisch steht dafür die Zerstörung Monte Cassinos 884, der Klosterstätte des Benedikt von Nursia. Mit der nunmehr notwendigen Reform des Klosterwesens schworen die Mönche dem weltlichen Verlangen nach politisch-öffentlicher Macht, aber auch der wissenschaftlichen Arbeit ab, und mit keinem Kloster wurde diese neue Innerlichkeit mehr verbunden als mit Cluny in Burgund. „Ihr habt eine solch ununterbrochene Folge von Gottesdiensten und verbringt so viele Zeit beim Chorgebet, dass selbst an Hochsommertagen, wo das Tageslicht am längsten ist, kaum eine halbe Stunde bleibt, in der die Brüder im Kreuzgang sich unterhalten können", beschrieb der italienische Mönchsreformer Petrus Damiani diesen Bleimantel unentwegter Chorgebete im weihrauchgeschwängerten Dunkel des Altars.

Während die Abtei von Cluny einen Verbund von Klöstern der „heiligen Observanz" schuf, verzichtete GLASTONBURY auf ein vergleichbares Netzwerk von Dependenzen. Die sich erneuernden Klöster Englands erinnerten in vielem an die Klosterwelt der karolingischen Zeit auf dem Kontinent: Schriftsteller, Prediger und Lehrmeister ihrer Zeit, verschlossen sich Englands Konvente keineswegs dem Licht eines hochsommerlichen Tages. Ein Abt wie Dunstan von Glastonbury verstand es, sich dem Griff der Feudalen auf seinen Sprengel zu entziehen. Als Wilhelm der Eroberer nach 1066 viele englische Äbte und Mönche durch französische ersetzte, bewahrte GLASTONBURY seine urbritische Geschichte und Tradition. Die Abtei des sagenumwobenen König Artus war damit Keimzelle des neuen benediktinischen Mönchtums auf der Insel. Wo Clunys Observanz den Kontinent mit

Glastonbury Abbey in Somerset ist die Abtei des sagenumwobenen Königs Artus. Das Bild rechts zeigt sein vermeintliches Grab.

Das Foto links zeigt das Küchengebäude mit Pyramidendach und oktagonalem Grundriss.

einem Gespinst von Abhängigkeiten überzog, übte sich Glastonbury in liberaler Zurückhaltung und verzichtete auf die kontinentale Hierarchie. Unter Dunstan, dem Erneuerer des englischen Klosterwesens, entstanden mit der Neugründung Glastonburys 940 zwar fünfzig weitere Ordensansiedlungen, hingegen war die feudale Ordnung von Cluny in Burgund, in der die Schwächeren bei den Stärkeren Hilfe fanden und sich dafür einer mächtigen Leitung unterstellten, weniger stark ausgeprägt.

1184 hatte ein Feuer die Abtei zerstört. Das Kloster lag in Schutt und Asche. Nur sechs Jahre nach dem Brand fanden die Mönche, geleitet durch merkwürdige Träume, nächtliche Visionen und geheime Hinweise in Büchern, im Süden der alten Kirche die Gruft des größten britischen Königs und seiner Frau. Gehauen in Stein die Worte „*hic jacet sepultus inclitus Rex Arturius in insula Avallonia*" – „Hier ruht begraben der berühmte König Artus von der Insel Avalon".

Nicht zuletzt begünstigte der gestiegene Wohlstand im 11. Jahrhundert die Entstehung neuer Sakralbauten. Je reicher die Menschen wurden, desto mehr fürchteten sie die Höllenqualen des reichen Prassers. Die beginnende Geldwirtschaft und das Papsttum wurden eigenartige Verbündete. Als nämlich die Annehmlichkeiten des Lebens zunahmen, brachten die Reformpäpste Leo IX. und Gregor VII. ihr Programm einer Trennung der Geistlichkeit von den Verlockungen der Welt auf den Weg – gemeint waren Geld und Frauen. Ein Service wider die Höllenqualen. Der Markt der Ordensideen wuchs, und ein jeder Gründer wusste spätestens zu Beginn des 11. Jahrhunderts seine Schäflein auf seine Art in den Bann zu ziehen. Der Eremit Petrus Damiani etwa sah im „Leben in Einsamkeit die

Schule der Lehre Gottes, das Übungsfeld himmlischer Fähigkeiten. Die reine Myrrhe der Kasteiung gedeiht dort üppig, es erhebt sich unaufhörlich der Weihrauch der dauernden Gebete."

Bruno der Kartäuser pflichtete ihm bei. Er, der später sagte, alles Unglück komme daher, dass „der Mensch in einem Zimmer nicht leben kann", war tief beeindruckt von seiner ersten Begegnung mit einer Eremitengruppe. Leicht wurde ihm der erste Kontakt vom gastgebenden Mönch, der ihn kritisch beäugte, nicht gemacht: „Die Männer, die du hier im Felsen siehst, sind härter als Stein und haben weder mit sich noch mit denen, die mit ihnen leben, Mitleid. Schon der Anblick des Ortes ist furchterregend, doch unsere Lebensweise ist noch härter. Das rauhe, härene Gewand, das du tragen müsstest, würde dir durch das Fleisch bis auf die Knochen schneiden. Die Empfindsamkeit, die ich in dir sehe, würde dich unter der Härte unserer Lebensweise vollkommen zusammenbrechen lassen."

Von all dem hat sich Bruno nicht entmutigen lassen. Andere wie die Augustiner-Chorherren strebten als Kanoniker nach Selbstheilung, die Zisterzienser Bernhards von Clairvaux zogen sich zurück in die Natur, die Prämonstratenser Norberts von Xanten gingen unter Menschen: Keuschheit, Gehorsam und Armut – die apostolischen Tugenden sollten neu belebt werden: Gehe zu zweit hinaus in die Welt, ohne Geld und überflüssigen Besitz.

Mit seinen Türmen und Schießscharten sieht das Torhaus des 1139 gegründeten Augustiner-Chorherrenstifts Thornton Abbey bei Barton-upon-Humber im englischen Humberside so wehrhaft aus wie der Eingang einer Burg.

Heute ist es mit Ausnahme eines etwa 2 m hohen Restes des polygonalen Kapitelsaals alles, was von Thornton Abbey übriggeblieben ist. Die Größe des das 68 Fuß hohen Torhauses aus dem späten 14. Jahrhundert erlaubt Rückschlüsse darauf, wie groß die ganze Anlage gewesen sein muß, sie bedeckte an die 100 Morgen Land.

Kleine Skulpturen am Torhaus von Thornton Abbey zeigen Teufel oder einfach Köpfe. Sie sollen die bösen Geister draußen halten.

Bernhard von Clairvaux – Mit dem Kopf nach unten

Extreme fordern Extreme heraus. Hatte Benedikt von Nursia in seiner „Regula" noch 150 Psalmen für das Chorgebet auf die Woche verteilt vorgesehen, so hatten die Reformbenediktiner in Cluny im Laufe des 10. Jahrhunderts die Liturgiegebete während der Fastenzeit auf täglich 215 Psalmen erweitert. Eine unentwegte Litanei, durch die viele Kritiker das benediktinische Gleichgewicht zwischen Gebet, Handarbeit und geistlicher Lesung nachhaltig gestört sahen. Das Gebet war praktisch zur einzigen Betätigung des Mönchs geworden. Faktisch war Cluny am Ende des Jahrhunderts mitsamt seinen ihm untergeordneten Prioreien zu einem Liturgiekonzern verkommen, dessen „Gebetsbelastung" (Damiani) derart groß war, dass es schon sonderbar gewesen wäre, hätte das keine Gegenbewegung herausgefordert. Zwar waren die Benediktiner in Cluny zu jener engen Verbindung mit der feierlichen Liturgie gekommen, wie sie heute noch für sie charakteristisch ist, doch zu welchem Preis. Der Eremitentheologe Petrus Damiani sprach von der burgundischen Ordenskongregation als „*massa plumbea*", einem Bleiklumpen, der das Brudersein niederdrücke und die Entfaltung eines vollkommenen mönchischen Lebens verhindere.

„*O beata solitudo, o sola beatitudo*" – „Oh selige Einsamkeit, oh einzige Seligkeit", war seine Antwort auf einen zu gleichförmigen Klosterbetrieb. Mystische Selbsterfahrung sollte das zu enge Korsett des cluniazensischen Benediktinertums abstreifen. Das neue Eremitentum konnte nicht zuletzt auch deswegen Wiederauferstehung feiern, weil man sich doch auf die Lehren der Mönchsväter monastischer Frühzeit berief. Ausgelöst wurde dies durch das ostkirchliche Mönchtum Griechenlands. Sah der abendländische Mönch bis dahin eine nach außen wirkende Aktivität als sein wichtigstes monastisches Werk an, so bestand sein byzantinisches Pendant auf Kontemplation und innerer Einkehr. Im Bewusstsein der letzten Dinge, also in eschatologischer Schau der Endzeit hier und heute, suchte der östliche Mönch die Verklärung des ganzen Menschen bereits auf Erden. Außerklösterliche Dinge dagegen galten ihm nichts.

Allein der Eremit, so hatte es bereits der Mönchsvater Benedikt verlauten lassen, nehme als Einzelkämpfer Gottes die Auseinandersetzung mit dem Teufel auf. Darin unterscheide er sich vom Zönobiten, dem normalen Mönch.

Ende des 10. Jahrhunderts existierten somit zweierlei mönchische Lebensformen – Kloster und Einsiedelei. Dass sich schließlich die Einzelhäuschen der Eremiten mit den Klöstern verbanden, ist vor allem Bruno dem Kartäuser zuzuschreiben. Die Wüstenei

des Kartäusers war ein eigenes Heim mit Garten, dem ein Kreuzgang mit Kirche, Kapitelsaal, Bibliothek und Refektorium hinzugefügt wurde.

Das 11. Jahrhundert war eine Zeit der Suche nach neuen spirituellen Wegen und mithin einer Aufsplitterung des Mönchtums in verschiedene Ordensrichtungen.

Auf dem Markt der Ordensideen war keine andere Observanz so nachgefragt wie die der Zisterzienser. Ähnlich wie einst die Cluniazenser verstanden es diese, den Heilserwartungen ihrer Zeit ein passendes Gerüst aus Lebensform, Architektur und Weltsicht zu geben. Ihr Mutterhaus Cîteaux verstand sich als Gegenentwurf zu Cluny. Es war der Versuch, das Mönchtum von weltlichen Aufgaben zu befreien. Der einzelne Mönch sollte zum Armutsgebot in totaler Leere und Abgeschiedenheit zurückgeführt werden. Durch die charismatische Figur des Bernhard von Clairvaux drückte der Orden der „Weißen Mönche", gefördert von Adel und Rittertum, mehr als andere seiner Zeit und dem monastischen Leben Englands den Stempel auf.

Über die Anfänge der Zisterzienser ist wenig bekannt. Äußerlich in ihrem weißen Habit und der Kukulle, dem Chorhemd, als Zeichen der *„vita evangelica"* und der *„vita apostolica"* auszumachen, hatte eine Gruppe unter Robert de Molesme um 1098 die „schreckliche Einöde" des Waldes von Cîteaux südlich von Dijon in Frankreich aufgesucht und ein Neukloster gegründet. Bis dahin war die Kongregation eine von vielen in dieser suchenden Zeit: In Holzhütten wohnend, waren die Brüder wohl mehr in Diskussionen über die beste Form reli-

Das Zisterzienserkloster Melrose Abbey liegt im fruchtbaren Tal des Flusses Tweed in den Scottish Borders. Heute weht der Wind durch das Maßwerk der Ruinen aus rosigem Sandstein, der aus den nahegelegenen Eildon Hills stammt.

Als im Jahre 1146 das Kloster auf Veranlassung von König David I. gegründet wurde, kamen die ersten dreizehn Mönche aus Rievaulx. Die Zahl dreizehn wurde bewusst gewählt – in Anlehnung an Jesus und seine zwölf Jünger. Die „Vita apostolica", das Leben in der Nachfolge der Apostel, war das Ziel einer jeden Mönchsgemeinschaft.

Doch das ruhige Klosterleben währte nur kurz. Die wechselvolle Geschichte von Melrose war seit der Invasion Edwards I. 1296 von England vor allem durch Krieg und Zerstörung geprägt.

Die erste Klosteranlage aus der zweiten Hälfte des 12. Jahrhunderts wurde nach 1385 von der Armee Richards II. von England völlig niedergebrannt und ab 1389 zum Teil mit englischen Geldern wiederaufgebaut. Zu den Förderern von Melrose Abbey gehörte also außer den schottischen Königen Robert the Bruce (1306-1329) und seinem Sohn David II. auch der englische König Richard II. (1367-1400).

giösen Lebens verwickelt denn um Wirkmächtigkeit bemüht. Das änderte sich, als der heilige Bernhard 1112 mit dreißig Freunden, Brüdern, Onkeln und anderen Verwandten ans Tor klopfte und Einlass begehrte. Bis 1153, seinem Todesjahr, würde er 344 Zisterzen gegründet haben, die direkt der „*Linea*" des Mutterklosters in Clairvaux zuzuordnen sind – nicht eingerechnet die zahllosen Gründungen der Nebenzweige.

Wer war dieser Bernhard, der offenbar solche Anziehungskraft besaß, dass es Ordenswillige scharenweise in seine Zisterzen zog? Zu Bernhards Gaben gehörte die außerordentliche Fähigkeit, Menschen zu beeinflussen. Er bestach weniger durch eine gewandte Redeweise, moralische Kraft oder einen vorbildlichen Charakter als durch einen Sinn für Dringlichkeit und geistiges Abenteuer.

Kein Kirchenmann bestand heftiger darauf, dass der Platz eines Mönches in seinem Kloster sei, getreu dem Motto: „Sitze in der Zelle wie im Paradiese...". Wenn Mitte des 12. Jahrhunderts Mönche und Kanoniker mit der Seelsorge aufhörten und orthodoxe Prediger hinter Klostermauern verschwanden, so war das nicht zuletzt dem heiligen Bernhard zuzuschreiben. Paradox mutet es indes an, dass Bernhard selbst sich nie lange in einem Kloster aufhielt. Er, der Stabilität und Bodenständigkeit predigte, war ein Wanderer vor dem Herrn.

„Mich drängt die Sehnsucht, nicht die Vernunft. Ich bitte auch, unterstellt mir nicht Anmaßung, wenn mich das Verlangen ruhelos macht", drängte er Pariser Studenten zur radikalen Umkehr. Bernhard lud sie ein, die Welt zu verlassen. Nur wohin? Die frühe Kongregationssatzung der Zisterzienser legte dies genau fest: „In Städten, festen Plätzen und Dörfern sollen keine Klöster von uns errichtet werden, sondern an Stellen, die vom Verkehr der Menschen abgelegen sind." Das Lob der Einsamkeit fußte auf dem Gedanken, dem Leben des heiligen Antonius und des Pachomius in der ägyptischen und syrischen Wüste nachzueifern. „Glaube einem, der es bewiesen hat", schrieb dazu Bernhard von Clairvaux den ersten Mönchen der englischen Großabtei Fountains ins Stammbuch, „in den Wäldern wirst du etwas finden, was du in den Büchern nie finden kannst. Steine und Bäume werden dich etwas lehren, was du von den Lehrern der Schule nie gehört hast. Denkst du, dass aus dem Felsen kein Honig, aus härtestem Stein kein Wasser fließen kann? Geben die Berge nicht Süße ab, fließen nicht die Hügel über mit Milch und Honig und die Täler mit Getreide?" Dann aber setzt er fort, die überreiche Bilderwelt des Cluniazensertums geißelnd:

„Wir wissen, dass jene, da Weisen und Unweisen gleichermaßen verpflichtet, das fleischlich gesinnte Volk mit materiellem Glanz zur Andacht ermuntern, weil sie es mit Geistigem nicht vermögen", um schließlich zu enden: „Wir aber, die wir uns vom Volk doch entfernt haben, damit wir Christus gewinnen, mit welchen von diesen Dingen, frage ich, können wir die Andacht erregen wollen. Die Kirchen glänzen von Gold, aber den Armen fehlt es an Brot, sie bekleiden ihre Reliquien mit Gold, aber sie lassen die Kinder nackt."

Bernhards Doktrin war der Verzicht. „Das Maß ist die Maßlosigkeit", verkündete er, und tatsächlich hat niemand Verzicht augenscheinlicher zelebriert als die „Weißen Mönche": Riesige schmucklose Sakralbauten zeugten vom Reichtum dieses Verzichts. Zisterzienser waren die Puritaner des 12. Jahrhunderts, und niemand konnte deren Armut reichhaltiger in Worten vorführen, als ihr geistiges Oberhaupt. Bernhard war bereits zu Lebzeiten ein Heiliger, dem ein Persönlichkeitskult nicht abgesprochen werden kann. Blutarm und magenkrank trieb er die Askese bis zum Äußersten. Neben seinem Platz im Chor stand immer eine Schüssel, für den Fall, dass er sich erbrechen musste.

Der Charismatiker tat sein übriges dazu. „Wenn ich dabei helfe, ist es freilich für Gott und mich, für zwei gegen einen, nicht mehr schwer, den Teufel auszutreiben", soll er anlässlich eines gelungenen Exorzismus gesagt haben. Wo seine Wunder einmal ihre Wirkung verfehlten, half man ein wenig nach und erhöhte fürs Publikum den gewünschten Effekt: Als es Bernhard mit einem Gebet gelang, einen gelähmten Greis wieder auf die Beine zu stellen, zwang ein mitgereister

Kleriker diesen evangeliengetreu, auch sein Bett selbst wegzutragen – die perfekte „Imitatio Christi". Auch als Prediger tat sich Bernhard hervor. Leidenschaftlich attackierte er etwa die aufkommende Scholastik eines Peter Abaelard, der die menschliche Vernunft ins Zentrum der Wahrheitsfindung stellte. Kloster, das war für Bernhard nicht Vernunft, sondern Versenkung.

Ungeachtet gewisser Überspanntheiten entsprach die zisterziensische Lebenswelt der Persönlichkeit des Heiligen, ähnlich wie die Lebenswelt der Minderbrüder im 13. Jahrhundert die Persönlichkeit des Franz von Assisi spiegelte. Wenn auch Bernhard von Clairvaux seine Klöster als Architekt nicht entworfen hat und nie im grauen Arbeitshabit auf dem Feld stand, so formte sein Reden und Schreiben doch in jedem noch so abgelegenen Tal wie dem von Waverley Abbey, der ersten Niederlassung auf englischem Boden, die Zisterzienserkultur. „Mitten am Tag herrschte das Schweigen der Nacht, und wenn man in dieses Tal kam, hörte man nur die Geräusche der Arbeit oder das Lob Gottes, wenn die Brüder gerade sangen", berichtet da einer aus Bernhards Umfeld.

In dem Maße, wie sich der *„Ordo cistercienso"* in die Wildnis zurückzog, verabschiedete er sich auch von den gesellschaftlichen Gepflogenheiten seiner Zeit. Vielleicht ist dies auch ein Grund für den Erfolg der Zisterzienser, verzichteten sie doch auf den üblichen Zehnten und damit auf Zins und Ausbeutung der Menschen. Jeder Zisterzienser sollte in selbstgewählter Armut selbst für seinen Unterhalt sorgen. Beschimpfte die Antike die Arbeit als Sklavenwerk, so sahen die Zisterzienser in ihr einen Weg der Gnade, geeignet, „die Freude an geistlichen Beschäftigungen zu steigern".

Aufgabe des Mönchtums für den Bestand der Welt – wohl keiner hat diese Haltung besser beschrieben als im Jahre 1138 der spätere Abt von Morimond, Otto von Österreich: „Wegen der Menge unserer Sünden und wegen der stinkenden Sündhaftigkeit dieser höchst unruhevollen Zeit glauben (wir), dass die Welt nicht mehr lange Bestand haben kann, würde sie nicht durch die Verdienste der Mönche, der wahren Bürger des Gottesstaates, erhalten, der mannigfaltige, wohlgeordnete Bruderschaften in der ganzen Welt in großer Zahl in Blüte stehen. Sie leben im Diesseits im Verborgenen, tragen kein Verlangen danach, dass ihr Ruhm erstrahle, führen schon auf Erden ein Leben in himmlischer, engelhafter Reinheit. Sie leben in einer Gemeinschaft, sie legen sich gleichzeitig schlafen, sie stehen einmütig auf zum Gebet, sie nehmen gemeinsam in einem Raum die Mahlzeiten ein, und Tag und Nacht beschäftigen sie sich mit Beten, Lesen und Arbeiten."

Die Reformorden - Die Pioniere Gottes

Können nur Mönche den Martern der Hölle entgehen? Die listige Frage des Eremiten Petrus Damiani entlarvte sein Ansinnen. Natürlich konnte die Antwort darauf nur „Ja" lauten. Das hatte seine unbestrittene Gültigkeit bis zu Beginn des 12. Jahrhunderts, als der Himmel erreichbarer wurde. Denn nun ließ sich der Scholastiker Abaelard zu dem liberalen Urteil hinreißen: „Die Verheirateten sind nicht verdammt, doch die Enthaltsamen werden leichter errettet."

Wie konnte es gerade in diesem Jahrhundert zu einer Welle von Klostergründungen kommen? Immerhin verzehnfachte sich in England allein die Zahl der Männerkongregationen von ungefähr fünfzig im Jahr 1066 auf etwa fünfhundert im Jahr 1154.

Nun, durch technische Neuerungen war Europa zu einem nie gekannten Wohlstand gekommen. Die Ernährungslage war gut, doch damit wuchs auch die Angst vor dem Verlust. Wohl deshalb spülte der starke Glaube an das Gericht Gottes über die Sünde des Menschen die Konversen in die Klöster; wer auf Erden einen Überschuss angehäuft hatte, versuchte sich durch Mildtätigkeit ins Himmelreich einzukaufen. Ohne Zweifel wurden die Klöster zu einem wirtschaftlichen Faktor, gesteigert durch Reformpäpste, die es verstanden, die Ordenswelt nach und nach den weltlichen Fängen zu entziehen und unter die Oberaufsicht Roms zu stellen. Die reichste aller Abteien war das Reformkloster Cluny in Burgund. Neben einem unentwegten Fluss von Geschenken, Gaben und Zahlungen schickten kleinere, abhängige Tochterklöster Abgaben und Steuern. Mit Freuden wurde das nicht immer gesehen: Das kleine Cluniazenserpriorat Much Wenlock in der englischen Grafschaft Shropshire etwa musste unter seinem Prior John of Tycford die Schafwollproduktion 1279 für sieben Jahre im voraus verkaufen, um seine Verpflichtungen einzuhalten. Tycford konnte danach nur knapp den Anschlägen seiner eigenen unzufriedenen Mönche entkommen.

Das zisterziensische Cîteaux war ein Gegenentwurf zu Cluny. Es war der Weg der Weltverneinung und extremen Einfachheit. Aber so wenig wie nur die Zisterzienser von religiösem Eifer beseelt waren, so wenig waren die schwarzen Mönche ausschließlich prunkliebend und dekadent. Die endlosen Litaneien und Gebete, der kunstreiche Gesang und die verzwickten Zeremonien wurden abgeschafft. Das Mönchsleben wurde vom bloßen Beruf wieder zur geistigen Berufung.

Wo das Leben in einem Kloster Abbild und Vorahnung des Paradieses war, da hatte angesichts des Ideals geistiger Kontemplation die prunkvolle Bilderwelt der Cluniazenser keinen Platz. Die Schlichtheit jener als Zweckbau-

Die Praemonstratenserabtei Egglestone Abbey bei Barnard Castle in der Grafschaft Durham liegt malerisch im zauberhaften Tal des Flusses Tee. Er bildet die natürliche Grenze zwischen den Grafschaften Yorkshire und Durham.

Egglestone Abbey wurde 1198 gegründet. Die Abteikirche war kreuzförmig und hatte keine Seitenschiffe. Neben den Resten des Langhauses und der Apsis mit ihren eleganten Doppellanzettfenstern sind die östlichen Abteigebäude erhalten geblieben. Sie wurden nach der Auflösung von Egglestone Abbey im Jahre 1539 in ein elisabethanisches Herrenhaus umgewandelt, das mittlerweile ebenfalls Ruine ist.

ten gedachten Klöster begeistert bis heute. So resümierte Horace Walpole über die 1539 zerstörte Netley Abbey in der Grafschaft Hampshire: „Über und über mit Efeu bedeckt, zwischen den Mauern wuchern viele Bäume, kurz, dies sind nicht die Ruinen von Netley, sondern die Ruinen des Paradieses."

Oft standen zu Beginn eines „Paradieses" die Phantasmagorien der Gründer. Als Norbert von Xanten, Vater der Prämonstratenser, bei einem Gewitter vom Pferd geworfen wurde, war dies für ihn ein Bekehrungserlebnis, das zu Gehorsam, Demut, Armut, Stille und Dienstfertgkeit mahnte. Dass dies in einem Wald geschah, ist nicht die einzige Parallele zwischen Prämonstratensern und Zisterziensern. Doch zeigt sich, dass aus der Waldeinsamkeit und Einödnis gänzlich andere Schlüsse gezogen werden können: Norbert und seine Anhänger bauten zwar auch einige Klöster, doch verlegten sie sich mit Predigt und Seelsorge auf die Sorgen dieser Welt. Sie wollten nicht monastisch, sondern kanonisch nach den Gesetzen der Kirche leben, aber ohne sich von der Welt loszusagen. *Wollten* – denn selten lebten die Ordensgründer tatsächlich das, was sie predigten. Wie Bernhard von Clairvaux monastische Bodenständigkeit predigte und alle äußere Tätigkeit unterdrückte, zugleich aber in der Welt umherwanderte, so war Norbert von Xanten zwar von der Notwendigkeit praktischer Tätigkeit überzeugt, aber seine Mönche schotteten sich wie keine anderen in ihren Abteien ab: Prämonstratenserabteien wie das schottische Dryburgh besaßen nur wenig später die höchsten Mauern der Klosterwelt. Zisterziensischer als die Zisterzienser selbst.

Der Lauf des Tages – Um 13 Uhr ist Gehorsamkeit

Wenn das Horologium, die mechanische Weckvorrichtung im Benediktinerkloster St. Edmundsbury, dröhnte, war es mit dem Schlaf vorbei. Die Horen, die klösterlichen Gebetszeiten Mette, Laudes, Prima, Tertia, Sexta, Nona, Vesper und Komplet banden die Ordensleute wie in eine Zwangsjacke ein. Hinter Klostermauern war an langen, ungestörten Schlaf nicht zu denken.

Die Milde predigten, gönnten sich davon am wenigsten. Wie sehr man den permanenten Schlafentzug auf die Spitze trieb, zeigt das Beispiel der walisischen Abtei Valle Crucis in der Grafschaft Clwyd. Um die Inbrunst des Gotteslobes nicht durch das Schnarchen eingeschlafener Mitbrüder aus dem Takt zu bringen, hatte man das Amt des Lampenmönches erfunden. Schon gegen ein oder zwei Uhr in der Nacht erhoben sich die Mönche, die angezogen im Dormitorium geschlafen hatten, und schlurften über die Treppe direkt in die Kirche zum ersten Gottesdienst. Vorneweg der *Circator*, der Lampenmönch. Fand er einen Bruder dösend oder schlafend vor, schwang er die Leuchte vor dessen Augen, schüttelte ihn und übergab ihm die Lampe. Nun musste dieser im Kirchenchor umhergehen, bis ein anderer schlafender Mönch entdeckt wurde. Es ist zu vermuten, dass der *Circator* möglichst schnell seine Bürde loszuwerden versuchte und die Leiber seiner Leidensgenossen sich beim Herannahen des schummerigen Lichtscheins seiner Lampe unwillkürlich spannten.

Verständlich, dass viele Brüder die zahllosen Vorschriften zu umgehen versuchten und sich dabei äußersten Ideenreichtums befleißigten. Denn schließlich lockte die Strohmatte im Dormitorium. In mittelalterlichen Verfügungen wurde immer wieder gerügt, dass die Klosterchöre zu schnell seien. Irgendeiner in der Mitte seiner Brüder wurde ein bisschen schneller und die anderen folgten, von Langatmigkeit klösterlicher Wechselgesänge keine Spur. Was Wunder. Wenn im Sommer ein Bruder starb, mussten in Cluny hundert Psalmen gesungen werden; eine Marathonübung, die man schnellstmöglichst hinter sich bringen wollte, indem man das Tempo etwas steigerte.

Auch wenn in vielen Konventen zur Mittagszeit eine Ruhestunde vorgesehen war, so läutete doch unentwegt alle ein bis zwei Stunden die Glocke, um die Mönche zu Bibellesungen, Psalmgebeten oder Hymnen im Offizium zu versammeln.

Während des Essens wurde damals wie heute von einer Kanzel oder einem Lesepult aus erbaulichen Büchern wie der Bibel, dem „Cassanius" oder den Schriften Gregors des Großen vorgelesen. Wenn auch der heilige Benedikt Fleisch verboten hat-

Die Ruinen der Zisterzienserabtei VALLE CRUCIS bei Llangollen in der walisischen Grafschaft Clwyd vermitteln dem heutigen Besucher noch einen guten Eindruck von der Größe, die die Anlage vor ihrer Zerstörung hatte.

Am Fuße eines bewaldeten Hügels sind außer einigen Wänden der Klosterkirche und der Sakristei auch noch der gesamte Ostflügel des Kreuzgangs erhalten. Darin befindet sich zu ebener Erde der Kapitelsaal und darüber das Dormitorium, d.h. der Schlafsaal der Mönche. Die übrigen Teile der Abtei sind abgetragen bis auf die Grundmauern, die den Grundriss der Anlage verdeutlichen.

Madog ap Gruffudd gründete die Abtei am 28. Januar des Jahres 1201. Nach seinem Tod 1236 wurde der Gründer in der Abtei beigesetzt. Die Abtei litt nicht wenig unter den Kriegen des englischen Königs Edward I. (1272-1307), mussten sie doch große finanziellen Opfer bringen, weil die Mönche auf der Seite des walisischen Königs Llywelyn ap Gruffudd standen.

te, so konnten die müden Münder zwischen Eiern, Käse, Fisch, Bohnen, Milch und Honig manchmal auf ein Hühnerbein in der dünnen Wassersuppe stoßen. Die Mönche im Mittelalter waren zur Ansicht gekommen, dass Benedikt mit seinem Verbot fliegende Tiere nicht gemeint haben konnte.

Eine Barriere bei der Essensaufnahme waren die langen Tische. Zwar bedienten zu Beginn der Mahlzeiten die jüngeren Brüder, doch auch die setzten sich irgendwann, sodass ein Problem entstand, wenn eine Schenkung beispielsweise Aal anstatt des üblichen Herings auf den Tisch brachte. Die meisten Kongregationen waren Schweigeorden, und da war Sprechen nur zu bestimmten Zeiten erlaubt. Eigentlich hätte ein Bruder den anderen bitten können, ihm den Teller noch einmal zu füllen. Doch das ging nicht, denn die Mönche mussten die Mahlzeiten schweigend einnehmen. Damit die Konventualen sich trotzdem untereinander verständigen konnten, musste eine komplette Zeichensprache erfunden werden. Ein aus Daumen und zwei Fingern beider Hände gebildeter Kreis bedeutete dabei „Brot", ein unter das Auge gelegter Finger, bedeutete „Kirschen".

Benedikt erblickte in der Arbeit etwas Erhabenes, aber sie sollte auch etwas Abwechslung in den Tagesablauf bringen, um die Monotonie eines starren Tagesgerüsts etwas aufzulockern. Abgesehen von kleinen und armen Klostergemeinschaften blieb in Wirklichkeit von der Gehorsamkeit wenig übrig: Klosterbediens-

Im 16. Jahrhundert geriet Valle Crucis wie viele andere Klöster in den Strudel der Dissolution Heinrichs VIII. Im Januar 1537 wurde das Kloster geschlossen. Wie alle anderen aufgelösten Klöster wurde es im Namen des Königs geplündert und dann an einen Privateigentümer verkauft. Daraufhin begann der Verfall. Im fortgeschrittenen 16. Jahrhundert brachen mehrere Gebäudeteile zusammen. Die Bewohner der Umgebung holten sich aus der Ruine Steine für ihre eigenen Häuser.

tete, Laien und Offiziale übernahmen die notwendigen Arbeiten. Insbesondere die „Bekehrten der Welt", die Konversen oder Laienbrüder, waren unentbehrliche Hilfskräfte, „eine klar geschiedene Zwischenschicht zwischen Mönchen und weltlichen Lohnarbeitern". Eine Zisterze wie Byland Abbey wäre ohne die bärtigen Laienbrüder nicht lebensfähig gewesen. Besonders auf die bäuerliche Bevölkerung übte das Konverseninstitut seine Anziehung aus. Garten, Mühle, Bäckerei, Weberei – nach einem halbjährigen Noviziat durften sie in ihre braune Arbeitskutte schlüpfen und hatten im Unterschied zur restlichen Landbevölkerung eine Stellung, die sie von wirtschaftlichen Nöten befreite. Indes war der Standesunterschied zu den Mönchen deutlich: Konversen beteten und schliefen von den Chormönchen getrennt, jedes persönliche Studium und der Besitz von Büchern war ihnen verboten, und nur in Ausnahmefällen konnte einer die braune Arbeits- gegen die weiße Gebetskutte tauschen und in die Reihen der Chormönche treten. Konversen und Bedienstete ermöglichten es den Chormönchen, sich überwiegend auf Liturgie, Kirchenmusik und Buchproduktion zu beschränken. Überhaupt – Bücher: Man hat sich hier nicht die Regalmeter heutiger Bibliotheken vorzustellen. Eine Bücherkammer galt schon als riesig, wenn sie tausend Bände beherbergte. Welchen Reichtum dies darstellte, ergibt sich allein schon daraus, dass jeder Band auf Pergament von Hand geschrieben werden musste. Was Wunder, dass gemeinsame Lesungen im Leben der Mönche und Nonnen eine weitaus gewichtigere Rolle spielten, als dies heute zu ermessen ist. Die langen Stunden der Laudes, dem Frühgebet beim Hahnenschrei, die feierlichen

Lesungen im Refektorium – es hatte seinen Grund, wenn die Mönche gähnten. Schweigsamkeit hin oder her – wo der einzelne Mönch derart zur Gemeinsamkeit verdonnert wurde, waren natürlich jene Augenblicke hochwillkommen, in denen man der Zunge freien Lauf lassen konnte.

„Die Geheimnisse ihres Herzens" konnten die Mönche in der Abtei St. Edmundsbury in der Grafschaft Suffolk im 12. Jahrhundert besonders beim Aderlass pflegen. Diese Art der Gesundheitspflege war – anders als heute zu vermuten – eine hochwillkommene Angelegenheit. Der Mönch lag flach auf einer Pritsche und durfte nach Herzenslust reden. Spottlust, Häme und Intrigen waren unter Brüdern keineswegs weniger verbreitet als in der Außenwelt. Die Schwatzhaftigkeit, so erzählen einige Chroniken, war derart groß, dass auch die

Das Refektoriumsgebäude des ehemaligen Klosters Blackfriars (oben) am River Stour in Canterbury ist vollständig erhalten. Der Speisesaal befand sich im ersten Stock. Die Küche lag darunter, was es den Dominikanermönchen ermöglichte, auch im Winter ihre Speisen einzunehmen, ohne zu frieren. Der Name des Klosters ist von der Tracht der Dominikaner abgeleitet. Sie trugen schwarze Kapuzenmäntel über weißen Untergewändern.

Die Ruinen des Prämonstratenserklosters Easby Abbey (links) liegen bei Richmond in North Yorkshire im Tal des Flusses Swale. Das Haus wurde um 1150 gegründet. Die Kirche wurde zugleich als Pfarrkirche genutzt und einer der Kanoniker war gleichzeitig Pfarrer der Gemeinde. Nach der Auflösung war das um 1300 gebaute Torhaus der Abtei als Kornspeicher in Gebrauch.

Folgende Doppelseite:
Erst nach einigen Ortswechseln fand die junge Klostergemeinschaft der Zisterzienser von Byland Abbey den endgültigen Standort für ihre Abtei. Roger von Byland, 54 Jahre lang Abt in Byland Abbey, war ein guter Freund von Abt Ailred aus der benachbarten Zisterzienserabtei Rievaulx. In seiner Zeit entstand ein großer Teil der Klosterbauten. Die gegen 1177 vollendete Abteikirche Byland Abbey's war, als sie gebaut wurde, die bis dahin größte Zisterzienserkirche in England. Hier wurde zum ersten Mal das strenge Ideal der Anfangsjahre durchbrochen: die Konstruktion war ein Beispiel für den neuen Umgang mit Raum und Licht. Die Mauern blieben innen und außen ohne ornamentalen Schmuck. Die einzigen dekorativen Elemente waren die bearbeiteten Kapitelle der Säulen und Pfeiler sowie die Fensterrose in der Westfassade, von der heute nur noch eine steinerne Mondsichel in den Nachthimmel ragt.

Menschen außerhalb der Klostermauern immer bestens informiert waren.

Insbesondere wenn es Streit zwischen Konvent und Abt gab, konnten sich die Konventualen gehörig in die Haare kriegen. Dabei ging es oftmals um Herrschafts- und Wirtschaftsrechte wie die Mitbestimmung bei der Ernennung von Präfekten, Fischrechte oder Erträgen aus Verpachtungen.

Geiz wurde hier mit Lügen befördert: So wurden dem Almosenpfleger des Königs wissentlich falsche Angaben über den Vermögensstand des Klosters gemacht, um sich karitativer Tätigkeit zu entziehen. Die Aufgabe der Almosenpflege scheint überdies nicht besonders beliebt gewesen zu sein: So wurde etwa ein Mönch in St. Edmundsbury als „schurkischer, schlechter Mann und Schinder der armen Leute" bezeichnet.

Ein Klostervorsteher, der nicht genügend Achtsamkeit hinsichtlich der weltlichen Seelenlage seiner Schafe walten ließ, musste mit Murren, schlimmstenfalls gar mit Aufständen rechnen. Ein Abt, der zu sehr der Askese frönte und die Teller zu sparsam füllte, musste sich Beschimpfungen anhören, schlimmstenfalls Tätlichkeiten befürchten. Abt Samson von St. Edmundsbury kam sogar zu Ohren, dass einige Mönche ihn zu ermorden trachteten.

Besonders wenn ein hohes Amt wie das des Cellerars, des Klosterverwalters, oder eben das des Abtes zu vergeben war, ließ sich bei einigen Mönchen eine proportional zu ihrem Ehrgeiz gesteigerte Gebetstätigkeit feststellen. Listen wurden herumgereicht, Brüder empfohlen, andere bloßgestellt. Besonders christlich war dies alles nicht. Offener Freundschaft stand offene Feindschaft gegenüber. Zwischen gelehrten und ungelehrten Mönchen bestand eine nicht zu leugnende Spannung. Abt Samson von St. Edmundsbury musste gar die Verordnung erlassen, dass es keinem Konventsmitglied erlaubt sei, sich bei ihm über ein anderes Mitglied zu beschweren, wenn diese Anklage nicht öffentlich ausgesprochen würde. Auslöser war in diesem Fall ein Bruder gewesen, der den Schreiber der Klosterchronik einen Schmeichler des Abtes genannt hatte.

Von der schroffen Weltverneinung ihrer Gründer war indes die Praxis weit entfernt. So mussten sich auch die Zisterzienser Kritik gefallen lassen. Die Suche nach einem einsam gelegenen Ort für das Kloster war nicht immer einfach. So siedelten sich die Brüder von Old Byland zuerst an der Grenze zu Rievaulx Abbey an. Unglücklicherweise war aber das Glockengeläut der benachbarten Abtei zu hören. Da man dieses „Faktum auf keinen Fall dulden" konnte und der Glockenstreit dann doch zu sehr der

Ruhe zusetzte, suchte man sich 1147 einen neuen Ort.

Allem Platzmangel zum Trotz: wenn man Einsamkeit wollte, konnte man sie erlangen. „Sie finden voller Eifer jeden gewinnträchtigen Weg und verfolgen ihn, sie öffnen jede Pforte der Habsucht und lassen sich darauf ein, sie denken sich keine Härte im Besitzstreben aus, die sie nicht auch ausführen", beschrieb Walter Map die gespannten Beziehungen der Zisterzienser zur Landbevölkerung. „Da sie über Pfarrkinder nach der Regel nicht gebieten dürfen, rotten sie Dörfer und Kirchen aus und vertreiben die Pfarrkinder, scheuen sich nicht, Altäre umzuwerfen und mit dem Pflug alles einzuebnen. Sie speichern solchen Reichtum in ihren Klöstern, dass sie wie Noah sicher in die Arche gehen können; denn draußen ist nichts zurückgeblieben."

Der ruppige Umgang mancher Klöster mit der Bevölkerung steht im krassen Gegensatz zur geradezu zärtlichen Pflege ihrer Heiligen und Reliquien. Besondere Bedeutung kam diesen bei Entscheidungsfindungen zu. Es ging um Visionen. Als Abt Hugo von St. Edmundsbury starb, mögen sich einige Brüder in Erwartung einer Vision, wer denn nun der richtige Nachfolger sei, ihrer Neigung entsprechend den Rücken mit der neunschwänzigen Katze gezüchtigt haben. Vor großen Ereignissen war dies üblich. Als dem Schrein des heiligen Edmund ein neuer Unterbau verpasst wurde, konnte man 1198 einige Mönche in ihren Chorhemden im Dunkel der Nacht in die Kirche huschen sehen. Abt Samson war plötzlich von dem Wunsch besessen, die Knochen des Klosterpatrons zu sehen. Zwölf Brüder versammelten sich nach der Komplet um Mitternacht. Feierlich enthüllte der Abt den mit verschiedenen leinenen und seidenen Tüchern umwickelten Leichnam. Nur die letzte Hülle wagte er nicht abzunehmen. „Unter demütiger Anrufung nahm Samson sodann dessen Haupt in seine Hände und berührte jedes einzelne Glied. Sechs Brüder wurden nun zu dem weihevollen Anblick herbeigerufen, drei weitere hatten sich sogar auf das Kirchendach gesetzt in dem begreiflichen Bestreben, sich dieses Erlebnis nicht entgehen zu lassen."

Als später bei einem Brand die Klosterkirche zerstört wurde, sahen die Brüder den Becher des heiligen Edmund im Aschehaufen. Er war unversehrt. Ein Wunder war geschehen und die Mönche brachen wegen der Rettung dieser kostbaren Reliquie in Freudentränen aus. Abt Samson aber war dem Feuertod in seinem Gutshaus entkommen. Es heißt, eine wunderbare Stimme habe ihn geweckt.

Finchale Priory – Sommerfrische der Mönche

„Das Benediktinerpriorat ist zunächst als Eremitage ein verlässlicher Hort von Ermahnung, Exerzitium und Appellen an Demut und Hingabe. Selten genug ist ein Kloster so ganz im Sinne der Generalregel des Heiligen Benedikt: *Ora et labora* (Bete und arbeite), denn Müßiggang, *Otiositas*, ist „der Feind der Seele". So steht es in Artikel 48/1 der Benediktinerregel.

Es war im Hoch- und Spätmittelalter ein offenes Geheimnis, dass gerade kleine und kleinste Kommunitäten einfachste Klosterregeln ignorierten; ein Umstand, den sich Heinrich VIII. bei der Dissolution von 1536 bis 1540 zunutze machte. *Acidia*, „tödliche Lethargie" oder „spirituelle Langeweile", nannten das die Tugendwächter euphemistisch. Damit meinten sie die klösterliche Verderbtheit der Sitten, die den Schlendrian einer nicht besuchten Mette billigend in Kauf nahm, das „Morgenlob ohne Gesang" zelebrierte und überhaupt „zu leise" und „nie zusammen", frohlockte. Ein ums andere Mal beklagten Bischöfe diesen Zustand in Brandbriefen an die Bruderschaften: Die Herren sollten doch gefälligst auf das korrekte Erscheinungsbild ihrer Tonsur achten, ermahnte da ein Bischof Gray um 1431 die Luderschaft der Mönche von Bradwell Priory in Buckinghamshire, die es offenkundig mit einer ordentlichen mönchischen Haartracht nicht so genau nahm. Der klösterliche Betrieb schien derart gestört, dass Gray höchst ungewöhnliche Mittel empfahl. So sollten einige „gelehrige Kinder" als Hilfs-Brüder ausgebildet und eingestellt werden, damit sie den verlotterten Mönchen während Messe und Arbeit mit Gesang, Lesung und anderen elementaren Aufgaben tatenreich zur Seite standen.

Acidia war als „ein Teil Lustlosigkeit, ein Teil Kümmernis – der befremdliche Schrecken eines Klosters", und es scheint diese besonders eine Krankheit der Benediktiner gewesen zu sein, aber auch andere Orden, wie die Augustiner-Chorherren, beklagten dieses Problem.

„Sie nahmen Essen zum Kirchgang mit / Dann entboten sie gar viele hinterlassene Worte / Ihre faulen Reden und schönen Späße / Festgemacht an der Eitelkeit", spottete der Lilleshaller Chronist John Myrk vermutlich um 1150 über die Unlust am alltäglichen Mönchsdasein.

Diesem Problem versuchten die Äbte und Prioren der Ordenshäuser auf unterschiedliche Art zu begegnen. Das Priorat der Kathedrale zu Durham war ein Hort mönchischer Tugend. An Nichtstun war nicht zu denken, denn jeder wurde hier mit den unterschiedlichsten Aufgaben beschäftigt. Mehr als die Hälfte der Kommunität war ununterbrochen zu jeder Tageszeit in Arbeiten jedweder Art eingebunden. In der Kirche, im Speisesaal, dem

Refektorium, im Raum davor – überall hingen Listen mit Aufgaben und den Namen der dafür eingeteilten Brüder. Dienstpläne und Sollvorgaben wurden von einer Kommission monatlich überprüft.

Verschiedene Klostergemeinschaften setzten auf andere Rezepte. Ulvescroft in Leicestershire nahm nur Mönche auf, die Bücher schreiben, Gravuren anfertigen, malen oder weben konnten, ohne – und das war Bedingung – deshalb allzu eitel zu sein. Hailes in Gloucestershire setzte auf Kontrolle. Nur mit Erlaubnis des Abtes war es hier gestattet, zwei bis drei Mal die Woche an der Seite des Priors oder seines Vertrauten „zur Entspannung in religiösen Angelegenheiten" in die Außenwelt zu wandeln. Der Besuch einer Taverne oder einer Stadt zählte ausdrücklich nicht zu diesen „Angelegenheiten".

Gewarnt durch die Vorkommnisse in anderen Klöstern, ersannen die findigen Oberen von Durham als Therapie gegen *Acidia*, Trübsinn und Unlust, eine Art Sommerfrische für ihre Klosterbrüder. Gleichwohl hat man sich diesen Urlaub natürlich nicht mit Reisebüro und buntem Prospekt vorzustellen. Von Durham aus gab es lediglich ein „Urlaubsziel": eben jenes benachbarte FINCHALE PRIORY .

Ob dabei allerdings Fragen der Mönchsgesundheit im Vordergrund standen, bleibt zu bezweifeln. Immerhin war Finchales Gründer, der heilige Goderic, hier 105 Jahre alt geworden. Vielleicht spornte es die Gäste in den Mauern des Priorats auch nur an, es seinem Gründer gleichzutun. Goderics Wandlung ist immerhin Legende – mit einem genusssüchtigen Beginn und einem asketischen Ende.

Die Ruinen von FINCHALE PRIORY bei Durham in der gleichnamigen Grafschaft liegen idyllisch in einer Biegung des Flusses Wear.

Das Benediktinerkloster FINCHALE ging auf die Eremitenklause des um 1065 geborenen heiligen Goderic zurück. Nach einer abenteuerlichen Jugend hatte ihn eine Vision ans Ufer des Flusses Wear geführt. Hier lebte er als Eremit, bis er im hohen Alter von 105 Jahren starb. Nach seinem Tod gelangte seine Einsiedelei in den Besitz der Benediktinerabtei von Durham, die Ende des 12. Jahrhunderts mit dem Aufbau des Priorates begannen.

Die an vielen Stellen bis zur Gewölbehöhe erhaltenen Außenmauern FINCHALES heben sich hell gegen den Nachthimmel ab. Die ältesten Bauten der komplexen Anlage entstanden im späten 12. Jahrhundert. In den beiden folgenden Jahrhunderten wurde daneben die kreuzförmige dreischiffige Kirche gebaut, deren Chorhaupt mit dem Grab des Heiligen Goderic genauso lang war wie das Langhaus. An die Kirche schloss sich der Kreuzgang an, von dem aus nach Osten ein zusätzlicher Gebäudeflügel zugänglich war.

Vom 13. Jahrhundert an bis zur Auflösung im Jahre 1538 nutzten die Benediktiner aus Durham das Kloster als Sommerfrische.

Goderic, vermutlich in Norfolk 1065 geboren, war in seiner Jugend alles andere als ein frommer Mensch. Um es weniger unverblümt auszudrücken: Er war ein Lebemensch, ein Abenteurer, Hausierer und geschickter Seefahrer, der nach Reisen durch Dänemark, Flandern und Schottland festgestellt hatte, dass sich das Seefahren lohnen kann, wenn man dem Beruf des Piraten nachgeht. Die Legende weiß zu berichten, dass Goderic „ein Pirat aus dem Königreich der Angelsachsen", wie er in mediterranen Gewässern genannt wurde, mit dem Betreten spanischen Bodens eine Wandlung erfuhr. Beseelt von einer Pilgerfahrt nach Santiago de Compostela, beschloss er, in Einsamkeit auszuruhen und ein für allemal der Piraterei zu entsagen.

Derartige Wandlungen waren nicht ungewöhnlich in der großen Zeit der Klöster. Aus Halunken wurden Eremiten, aus Eremitagen wurden Konvente. Das Vorbild vom gewandelten, gottgerechten Leben war modern. Und immer schwang in diesen Gründungsgeschichten Leid, Entbehrung und Buße mit: Das dornenreiche Land, das von Hand gerodet wurde, Schlangennester, Krankheit und Visionen.

Auch Goderic hatte eine solche Eingebung, die ihm sagte, sich am Ufer des Wear in einer Hütte mit einem Torfdach niederzulassen.

Goderic war ein Eremit, wie er in vielen Legenden beschrieben wird: Als er 1170 in seinem prächtigen Anwesen starb, soll er nur ein Hemd aus Haaren und ein Kettenhemd getragen haben. FINCHALE selbst wurde 1196 zu einem Priorat von Durham.

Nicht jeder einfache Mönch wurde ein großer Heiliger. Vielleicht erleichterte diese Tatsache die Entscheidung, aus dem Anwesen das wohl erste Urlaubskloster seiner Art zu machen. Die niedergelegten Gästestatuten von 1408 beschränkten die Zahl der Gäste auf fünf Personen – einen Prior und vier Mönche, wobei letztere höchstens drei Wochen verweilen durften und dann von neuen vier Brüdern abgelöst werden mussten. Jeden Tag hatten sich abwechselnd zwei Sommerfrischler um den Küchendienst und andere Verrichtungen zu kümmern, während es den anderen beiden vergönnt war, „religiöse und wahrhaftige" Spaziergänge in Feldern und Wiesen zu unternehmen.

IM SCHEIN DER HEILIGEN GEISTER

Whitby Abbey – Dracula kommt an Land

Der Orkan, der um zehn Uhr an einem schwülen Augusttag des Jahres 1885 wie aus dem Nichts über das nordenglische Küstenstädtchen Whitby hinwegfegte, ist nicht das Außergewöhnliche an dieser Geschichte. Stürme gibt es in diesen Breiten viele, sie sind Gesprächsstoff für eine gewisse Zeit, vergessen beim nächsten Sturm oder spätestens beim übernächsten – es sei denn, der Sturm spült Vampire an Land ...

So ohne weiteres weht natürlich kein Wind Blutsauger an Land. Dazu braucht es außerdem ein Städtchen wie Whitby an der nordenglischen Küste; und dieses Städtchen muss ein Klima haben, das Sommerfrischler anzuziehen pflegt. Zumal irische Theatermanager, die Bram Stoker heißen und die sich hier von der Hektik des Londoner Alltags erholen, trotzdem das Mondäne nicht missen wollen und ganz nebenbei, zur Entspannung, Horrorromane schreiben – etwa in der Art von „Dracula".

Ein Roman wie „Dracula" wird nicht alle Tage geschrieben, und er hat viel mit Whitby und seiner Abtei zu tun. Es ist die Atmosphäre dieses Ortes, die den Roman auf seinen ersten Seiten so beklemmend macht. Die Stimmung ist schon deshalb so bedrückend, weil sie ein Stück verschlüsselte Heimatkunde ist und weil es in dem Küstenstädtchen ab 1890 einen Urlauber gab, der sich Stück für Stück davon bediente: Bram Stoker reicherte sieben Sommerjahre lang Whitbys real existierendes Flair mit transsilvanischer Schwarzerde, schönen Frauen, nackten Hälsen, Fledermäusen und einwandernden Unholden an.

Als „Dracula" zwischen 1890 und 1897 geschrieben wurde, konnten die Einwohner einen hünenhaften bärtigen Mann beobachten, der sich auffallend oft in den Ruinen der um 1070 gegründeten und 1538 aufgelösten Abtei herumtrieb. Der Friedhof bei der ehemaligen Benediktinerabtei hatte es ihm besonders angetan. Immer wenn er die 199 Stufen vom viktorianischen Städtchen herauf erklommen hatte, stand er dort oben auf dieser dramatisch gelegenen Klippe. Doch anstatt den Blick über die Dächer der pittoresken Stadt am River Esk schweifen zu lassen oder nach einem Wal Ausschau zu halten, stemmte Bram Stoker seine Füße in den Boden und schrie gegen den Wind an. Er schrie so laut, dass manche Menschen in Whitby ihre Köpfe hoben und zu dem seltsamen Gast aus London hinaufschauten, der oft in der örtlichen Bibliothek saß, alte Dokumente studierte und sich bei den Fischern nach Schiffsunglücken erkundigte.

Bram Stoker suchte bei der alten Abtei nach Ideen für seinen Roman. Er wurde fündig: Whitby Abbey wurde sozusagen zum Geburtsort des blutsaugenden Grafen: Kaum ist der Super-

vampir aus Transsilvanien angelandet, wird ihm der Friedhof mit seinen steinern schiefen Keltenkreuzen zur ersten Schlafstätte. Die 199 Stufen sind genau beschrieben, und auch den Fischer, der beim Herannahen des Sturms die Ankunft des Bösen dort oben auf den Klippen prophezeit, mag es gegeben haben. Dass Dracula in Whitby an Land flattern konnte, verdankte sein Autor Bram Stoker der Tatsache, dass es jenen Sturm tatsächlich, und zwar 1885, gegeben hat, und dass tatsächlich ein Schiff mit dem Namen „Demeter" wenige Jahre vor seinem ersten Urlaub in Whitby gestrandet war. Bram Stoker lässt dieses Schiff führerlos in den Hafen von Whitby einlaufen.

Stoker war daran gelegen, seine Geschichte vom blutleckenden Grafen aus Gründen der Glaubwürdigkeit so gut wie möglich mit der Wirklichkeit zu verbinden. Gegen Ende des viktorianischen Zeitalters geisterten bereits jede Menge Blutsauger durch die Buchdeckel. Ausgelöst hatte diese Vampirmode 1819 der englische Arzt William Polidori. Habsburgische Visitationsberichte von 1732 über Vampirismus in Serbien mit anschließenden Exhumierungen wurden immer wieder abgeschrieben und nachgedruckt. Bram Stoker hatte angesichts einer solchen Vampir-Flut also einen schweren Stand. Zu Hilfe dürfte ihm dabei jener eigentümliche Nebel von Whitby Abbey gekommen sein, der selbst für englische Verhältnisse einmalig ist. Von Zeit zu Zeit legt sich der Wind oben auf der Friedhofsklippe, und ein Nebel zieht herauf, der jedes Wort, jeden Schatten erdrückt. Er ist so dicht, dass selbst aus nächster Nähe die Inschriften auf den Grabsteinen verstorbener Matrosen verschwimmen.

Die Klosterkirche der Benediktinerabtei von Whitby liegt auf einem Hügel hoch über dem Hafenort Whitby in North Yorkshire.

Die erhaltenen Teile von Whitby Abbey stammen aus dem 13. und 14. Jahrhundert. Besonders eindrucksvoll ist die Stirnwand der Chorscheitelkapelle mit zwei rahmenden Türmchen und drei übereinander angeordneten Reihen von je drei Lanzettfenstern, die zum Formenschatz der Frühgotik gehören.

Die Abtei geht auf eine Gründung der heiligen Hilda aus dem Jahre 657 zurück. Ihre größte Blüte erlebte Whitby Abbey im 12. und in der ersten Hälfte des 13. Jahrhunderts unter Abt Roger, der den Neubau der Abteikirche veranlasste. Gegen Ende desselben Jahrhunderts war die Abtei infolge ihrer Bauprojekte verschuldet.

WHITBY wurde im Dezember des Jahres 1539 aufgelöst und von der Krone an Richard Cholmley, einen Mann aus dem Ort WHITBY, veräußert. Aus dem nun folgenden Abbruch wurde das Steinmaterial für den Aufbau des Herrenhauses von Cholmley gewonnen. Die Klosterruine verfiel immer mehr. Um 1800 stürzten der Vierungsturm und die Westfassade der Abteikirche ein.

Heute existiert in WHITBY kaum noch etwas vom Kreuzgang, der sich vordem an das Südquerhaus der Kirche angelehnt hatte. Von der Kirche stehen noch Mauern und Arkaden des Mönchschors und die Fassade des Nordquerhauses sowie die Fundamente der Langhaussäulen.

Stoker indes nutzte die Macht des Romanautoren, packte den feuchten Dunst von WHITBY ABBEY und bettete ihn aufs Meer: „Zu all den Gefahren und Widrigkeiten", heißt es bei ihm, „kamen noch Nebelschwaden, die vom Meer herübergetrieben wurden; weiße, nasse Wolken, die geisterhaft vorüberjagten und so feucht und klau waren, dass wenig Phantasie vonnöten war zu glauben, die Geister der Ertrunkenen griffen mit klammen Totenhänden nach ihren lebenden Brüdern." – Bram Stoker war nie in Transsilvanien, aber immer wieder in Whitby. Und er hat genau hingeschaut. Kein anderer Abschnitt des Romans erreicht die schaurige Intensität wie der über diese kleine Hafenstadt in Nord-Yorkshire.

Glastonbury Abbey – Artus im Nebel

Der Legenden sind es viele. Allein die Geschichte der Ankunft des heiligen Grals in England ist umgeben von dicken Nebelschwaden, sie kommt lautlos daher, in einem Schiff ohne Ruder und Segel auf geglätterter See. Am Bug stehen ernste Männer, und niemand wundert sich, warum der sonst so stürmische Ärmelkanal jetzt still und träge dümpelt, mit Nebelschwaden so dick, dass die Gesichter auf- und abzuflackern scheinen.

Diese Geschichte weiß seit Jahrhunderten zu begeistern – und ist doch so unscharf und verworren, wie der Nebel, aus dem sie sich herausschält: Joseph von Arimathäa ist vom Apostel Philippus 63 n. Chr. nach England geschickt worden, um den Gral in einem Schrein nach GLASTONBURY zu bringen.

Doch in Glastonbury verliert sich die Spur des heiligen Gefäßes – der Beginn des Artusmythos, einer Runde von zwölf Rittern und ihrem König, versammelt unter ihren Wappen, den Tafeln, am Hofe von Camelot, denen der Zauberer Merlin eine Vision verheißt. Diese Ritter machen sich dann in die Welt auf, die da heißt Avalon oder Lyonesse und immer im Nebel und immer in Sümpfen, um das Gefäß der Wahrheit zu suchen.

Die Herkunft des mystischen Gefäßes bleibt im Dunkeln. „Das ist mein Blut", sagte Jesus beim Letzten Abendmahl und trank aus einem Kelch. Doch hat er nicht aus irgendeinem Gefäß getrunken. Angeblich spielte ein Edelstein aus der Krone des Satans eine Rolle. Als Luzifer noch im Himmel weilte, sollen ihm sechzigtausend Engel die Krone gereicht haben, aus der sich bei seinem Höllensturz eben dieser Edelstein löste, der später in den Kelch eingearbeitet wurde. Joseph von Arimathäa erwarb ihn und überreichte ihn dem Gottessohn. Für Jesus war es der Kelch des Schicksals. Er sprach in einem Moment des Zweifels: „Vater, lass diesen Kelch an mir vorübergehen." Doch, wie wir wissen, ging der Kelch nicht an ihm vorüber. Joseph von Arimathäa wurde gefangen und überlebte ein Jahr und einen Tag ohne Nahrung, eingesperrt in einem Kerker, weil er den Kelch des ewigen Lebens, den „Heiligen Gral", bei sich trug.

Im Laufe seiner Geschichte hat dieses Epos vom Gral vielerlei Wandlungen und Neufassungen erfahren. Beim burgundischen Dichter Robert de Boron um 1199 tauchte das Gefäß erstmals als Abendmahlskelch Christi auf. Der um 1230 erschienene altfranzösische Vulgata-Zyklus „L'Histoire del Saint Graal" versuchte ebenso wie der ebenfalls im 13. Jahrhundert erschienene Prosaroman „La Queste de Saint Graal" die Gralsgeschichte in einen Appell an die Keuschheit umzuwandeln. Zugleich vermischen sich Rittertum und Gottesminne, eine Entwicklung, die in der Gestalt des Galahad,

Der Legende nach reicht die Geschichte der Benediktinerabtei Glastonbury in Somerset bis in das Jahr 63 n. Chr. zurück. Joseph von Arimathäa, der Mann, der den Leichnam Jesu von Pontius Pilatus erbeten und bei Golgatha in einem Felsengrab bestattet hatte, soll sich aufgemacht haben, um England zu missionieren. Im Gepäck hatte er den Kelch des letzten Abendmahls, in dem er unter dem Kreuz das Blut Jesu aufgefangen hatte. Weil er das heilige Gefäß irgendwo in der Gegend von Glastonbury vergraben haben soll, begann in der Folge eine rastlose Suche nach dem „Heiligen Gral". Sie hielt die Tafelrunde des legendären König Artus, der um 500 gelebt haben soll, in Atem. Die Gebeine, die man im 13. Jahrhundert nahe Glastonbury fand und die angeblich Artus und seiner Gemahlin Ginevra gehörten, wurden 1291 in der Klosterkirche beigesetzt. – 1539 wurde die Abtei aufgelöst.

der in religiöser Verzückung stirbt, ihren Höhepunkt erreicht: Darf Bohort den Gral wegen seiner Tugend, Parzival wegen seiner reinen Torheit sehen, so kann ihn Galahad ob seiner Keuschheit nach Hause übers Meer nach Sarras führen.

Glastonbury erinnert an die erste Heimstatt des Gefäßes auf britischem Boden. Um 166 soll Papst Eleuthius die Missionare Fagan und Deruvian nach Britannien geschickt haben, um an der Stelle Josephs die Urgemeinschaft neu zu beleben. Diese Gemeinschaft bestand auch noch 433, als der Apostel der Iren, der heilige Patrick, Glastonbury besuchte. Das Kloster schien ihm zu gefallen, denn er kehrte nicht nach Irland zurück, sondern blieb als Abt dort.

Lilleshall Abbey – Geister im Mönchsgewand

Während sich die Eremitenbewegung in Erdlöchern oder einfachsten Klausen mystische Erfahrung „herbei" entsagte, ritten die Reformorden einen revolutionären Angriff nach dem anderen gegen die behäbige Selbstzufriedenheit der alteingesessenen Orden. Eigentlich waren die Eremiten mehr als nur Asketen, nämlich Menschen, die sich durch eine athletische Höchstleistung in einer bestimmten Disziplin auszeichneten: *Akoimeten* wechselten sich in zeitlich festgelegten Intervallen beim ewigen Gebet ab und übten sich in Schlafentzug, *Inklusen* ließen sich einmauern, *Flagellanten* züchtigten sich selbst. Wieder andere taten sich durch unentwegtes Fasten oder lebenslanges Schweigen hervor.

Auch Lilleshall Abbey im mittelenglischen Shropshire fusst auf den Ideen der Askese. Dass über die Abtei in den Midlands, unweit der Gemeinde Telford, wenig bekannt ist, mag daran liegen, dass Eremiten nicht gerade gute Vermarkter in eigener Sache waren. Binnen kurzem sollte sich das jedoch gründlich ändern.

Wie ein roter Faden zieht sich der Verrat an den eigenen Idealen durch die Geschichte dieser Augustiner-Chorherren-Abtei. Im Jahr 1143 gründeten zwölf Kanoniker aus Dorchester unter der Führung von Philip de Belmeis die Einsiedelei in den Wäldern von Telford. Sie waren Anhänger der Eremitenkolonie Arrouaise in Frankreich, wenngleich sie sich, dem zeittypischen asketischen Ideal folgend, ungleich strengere Regeln auferlegten. Das änderte sich 1148 mit dem Umzug ins drei Kilometer entfernte Lilleshall. Der Konvent schloss sich den Augustinern an, womit ein eigentümlicher Wettstreit um Pracht und Geltung begann.

Als Abt William von St. Albans zu Beginn des 13. Jahrhunderts seiner Kirche weißgewaschene Steine, ein filigranes Chorgestühl und besonders hell geschliffene Fenster verlieh, folgte Lilleshall umgehend mit roten Steinen, einem verlängerten Kirchenschiff und einem eilig aufgemauerten nördlichen Kreuzgang.

Die große Zeit der Klöster war geprägt von handfestem Größenwahn, der sich in den Bauprojekten der Abtei manifestierte. Dass dabei das Maß des Machbaren aus den Augen verloren ging, wurde im Überschwang billigend übersehen. Handwerker wurden zu größter Eile angetrieben, die Schatullen bis auf den letzten Schilling geleert. Allein, dies blieb nicht folgenlos: „Als die Messe beendet war, krachte plötzlich der Turm zu Boden", berichten Chronisten über eine Katastrophe in Gloucester. „Die Staubwolken der herabfallenden Steine waren so dicht und füllten die Kirche für einige Zeit gleich dem Krachen eines Bataillons, dass es niemandem möglich war, et-

Das Augustiner-Chorherrenstift Lilleshall Abbey bei Telford in Shropshire steht heute wie damals in einer entlegenen Gegend Englands. Lilleshall wurde 1143 von Angehörigen einer französischen Eremitenkolonie aus Arrouaise gegründet. Diese Gemeinschaft mit eigenen strengen Regeln und Statuten verschmolz nur wenige Jahre nach der Gründung von Lilleshall mit dem Orden der Augustiner-Chorherren.

Die Gestalt eines schwarzgekleideten Augustinermönchs soll in den Ruinen der 1538 aufgelösten Abtei nach einem verborgenen Schatz suchen, was man sich gut vorstellen kann, wenn man die Ruinen aus rotem Sandstein zwischen den alten Eiben so liegen sieht.

was zu sehen, geschweige denn die Augen zu öffnen." Unglücke dieser Art füllen ganze Chroniken. 1323 barst das Südschiff von St. Albans, „ein Unfall, so schrecklich, dass vorhergehende Missgeschicke angesichts dieser Größe klein und nichtig erscheinen mussten". Wenig später stürzte der Turm von Beverley ein. In LILLESHALL lag das eilig zusammen gezimmerte nördliche Kirchenschiff sogar schon kurz nach seiner Fertigstellung am Boden. Kaum eine Abtei, die sich nach solch einem Desaster erholen konnte.

In LILLESHALLS Anfang lag auch sein Ende. Die Spur der Augustinerabtei verlor sich nach ihrer Auflösung 1538, und es heißt, dass in manchen Nächten die Mönche von einst immer noch in seinen Mauern geistern. Noch haben die spukenden Schatten jener Brüder den Traum vom großen Kirchenschiff nicht aufgegeben. Sie geistern umher, auf der Suche nach einem Schatz, der sie diesem Begehren ein Stück näher bringt. Sie geistern umher zur Strafe dafür, dass sie Maß und Ziel nicht gesehen, ihre Bestimmung aus den Augen verloren haben.

Nachts pfeift der Wind durch die Westfront der ehemaligen Kirche, jenem Teil, der stehengeblieben ist. Die alten Geschichten – in diesen Mauern sind sie noch immer lebendig. Drei graue Gestalten zeichnen sich im Dunkel ab, verschwinden im Stein einer Mittelsäule. Man fasst sich ein Herz und tritt näher. In einer Wand sind mehrere Spitzbogenfenster eingelassen. Eine Sinnestäuschung ist es gewesen – Wolken und Mond haben mit den Steinen, Erkern und Kapitellen gespielt, und die Schatten von einst sind auf Wanderschaft gegangen.

Waverly Abbey – Die verlorenen Eingeweide

Reisen war im Mittelalter und in der frühen Neuzeit ein gefährliches Abenteuer. Die Chronisten jener Tage hatten, wie uns ein ungenannter Begleiter des ostfriesischen Gesandten Dodo von Inn- und Knyphausen berichtet, für die Unwägbarkeiten fehlender Brücken, „denen als Pfeiler nur die Wellen dienen und als Stütze das Wasser", nur Hohn und Spott übrig.

Indes konnte vormals jener Spott leicht in eine den Atem beklemmende Stimmung umschlagen: „Dieser Weg führte durch große Sümpfe und war so fürchterlich und einsam, und ich glaube, dass selbst wilde Tiere Mühe haben, dort zu leben, denn sie finden dort überall nur Nässe und Löcher, und die Wege sind genauso beschwerlich." Es grenzte an Zauberei, wenn in dieser Wildnis hinter einer Flussbiegung plötzlich eine menschliche Ansiedlung auftauchte.

„Trau meiner Erfahrung, du wirst in den Wäldern etwas mehr finden als in den Büchern", hat der heilige Bernhard von Clairvaux dazu orakelnd geschrieben, und er muss die unheimliche Wirkung der Macht, hinter einer Flussbiegung inmitten der Wildnis eine Abtei auftauchen zu sehen, wohl beabsichtigt haben. In der Tat musste die kompakte Monumentalität der Klostergebäude, und die Tatsache, dass es sich um die einzige Ansiedlung in Sichtweite und darüber hinaus handelte, einen nachhaltigen Eindruck hinterlassen.

Staunen und Erschaudern – Waverley Abbey, 1128 die erste Gründung des Zisterzienser-Ordens auf britischem Boden, hat von alledem bis heute nichts verloren: Die Luft erwärmt sich, das Gestrüpp, der Wald weicht zurück. Die Abtei, die inmitten eines Eichenhains gelegen ist, taucht hinter einer Biegung im Tal des Wey auf. Noch heute kann man sich die Mühe vorstellen, die es gekostet haben muss, dieses Land urbar zu machen. Wald roden, Sümpfe trocken legen – mit jedem Tochterkloster in einsamer Lage, fernab größerer Ansiedlungen und belebter Verkehrswege, setzten die Zisterzienser ein Zeichen ihres Triumphes über die Natur. Sicherlich ist auch dies eine Grundlage ihres Erfolges in Großbritannien gewesen.

Waverley Abbey bei Farnham in der südenglischen Grafschaft Surrey ist in diesem Sinne eine exemplarische Gründung. Aber Waverley, die Abtei im Wald, die in ihren Anfängen und in ihrer Blütezeit stolzes Vorbild für andere Klostergemeinschaften war, gehörte auch zu den ersten, die Heinrich VIII. auflöste. Als sie 1536, zu Beginn der Dissolution, von den Schergen des Königs geschleift wurde, verlor sich ihre Spur in der Geschichte. Vormals, 1225, stand Waverly als „Mündel" Heinrichs III. unter dem königlichen Schutz. Drei

Die 1128 gegründete Waverly Abbey bei Farnham in Surrey war das erste Zisterzienserkloster auf britischem Boden.

Die Ruinen des 1536 aufgelösten Klosters liegen inmitten von Eichen an einer Flussbiegung. Die schönsten und besterhaltenen Gebäude der Anlage sind der gewölbte Vorratsspeicher und das Refektorium.

Jahrhunderte später war die Abtei zur Bedeutungslosigkeit verkommen. Die verbliebenen dreizehn Mönche packten ihr Bündel und zogen in den Wald, dem ihre Vorfahren einst diesen Platz am Ufer des Wey abgerungen hatten. Das gepflegte Grün wich nunmehr wieder den Dornen, das Gemäuer begann zu bröckeln. Die Stille des Waldes legte sich wie ein Sarkophag über die Mauern. Zurück blieb lediglich eine Geschichte, die man sich bis heute in Farnham und Umgebung erzählt. Sie handelt von einem barbarischen Akt in den Wäldern des Wey, wie er so typisch für den „Scheidungskönig" Heinrich VIII. war: Immer noch soll hier ein Mönch herumirren, ein Mönch, der seinen Brüdern in den Wald folgen möchte, was ihm jedoch nicht gelingt und der einen schaurigen Anblick bietet, wie Heinrich VIII. ihn seinem Volk gern präsentierte: den Körper unnatürlich in die Länge gezogen, nur noch ein Rumpf. Die Gliedmaßen fehlen. Das war die gängige Hinrichtungsart des Despoten, die Extremitäten seiner Opfer an verschiedenen Plätzen zur Abschreckung auszustellen.

Diesem hier aber ist Schlimmeres widerfahren: Der Geistermönch von Waverley Abbey sucht seine Eingeweide. Nach mittelalterlicher Lesart war das der Sitz der Seele.

Crowland Abbey – Die Prophezeiungen des Guthlac

„Sie hatten ein barbarisches Aussehen, eine furchtbare Gestalt, mit großen Köpfen, langen Nacken, dünnen Gesichtern, gelbem Teint, schmutzigen Bärten, abstehenden Ohren, wüster Stirn und stechenden Augen." Im Denken der angelsächsischen Urchristen war die Welt ein steter Kampf des Guten gegen das Böse, ein Kampf von Rechtgläubigen gegen Heiden. Selbstredend dass man derart auf Du und Du mit seinem Gegner war und diesen genauestens zu beschreiben verstand: „Faulige Münder, Pferdezähne, flammenspeiende Kehlen, plappernde Kiefer, dicke Lippen" – für das Pandämonium der Höllenboten, den Aufenthaltsort aller böser Geister, schien das unflätigste Vokabular gerade gut genug zu sein. Es galt, sich einen Platz unter der Sonne zu sichern. Konkurrenz im Glauben störte da. Mit fortschreitendem Erfolg des Christentums nahm der Glaube zu und die Demütigung der Dämonen ab. Nicht so in CROWLAND ABBEY. Folgt man der Legende, so hatte der Teufel dort seine Hand immer im Spiel.

Es gibt in England kein Trümmerkloster, das sich derart windschief den Elementen entgegenwirft. Als hätten Riesenkräfte an jedem Kapitell und jeder Säule gezogen, erhebt sich die Abtei über die Felder der ostenglischen Grafschaft Lincolnshire, und jeder ihrer Flügel scheint einer anderen Richtung entgegen zu streben, als wäre hier etwas dem Bösen ausgewichen. Natürlich ist das die Interpretation des Zuspätgekommenen. Aber um die Merkwürdigkeiten dieses urtümlichen Klosters zu verstehen, muss man vor die Anfänge dieser schon 716 von den Benediktinern gegründeten Abtei zurückgehen.

In jener morastigen und von offen qualmenden Feuern geprägten Frühzeit, als das Christentum sich anschickte, die Insel der Angeln und der Sachsen zu bekehren, entstanden die großen Mythen der englischen Christenheit, Mythen von aufreibender Mission, von denen eine ganze Klosterkultur die nächsten 800 Jahre zehrte.

Die Legende will es, dass zu jener Zeit 699 der Edelmann Guthlac mit Bootsmann Tatwin und Diener Beccelm durch die Wälder zog und dabei eine Wandlung vom Saulus zum Paulus durchmachte. In Guthlacs Fall wurde aus dem Soldaten ein Mönch.

Das Leben in den Sümpfen am River Fens muss auch für einen zukünftigen Heiligen äußerst unkomfortabel gewesen sein. Ein Stück Tierhaut, vielleicht auch ein Fell waren das einzige Kleidungsstück, in Ärmlichkeit nur noch unterboten von der Nahrung, die aus einem Stück Brot und einem Becher schmutzigen Wassers nach Sonnenuntergang bestand. Die größte Prüfung aber war das Sumpffieber. Ob Crowlands Chronik dieser Krank-

Die Benediktinerabtei CROWLAND ABBEY in der Grafschaft Lincolnshire wurde 1539 nach 800 Jahren wechselhafter Klostergeschichte geschlossen. König Ethelbald hatte die Abtei 713 gegründet.

Wikingereinfälle und die normannische Eroberung, Brände und Erdbeben hatte CROWLAND ABBEY überstanden. Auf jede Zerstörung war ein Wiederaufbau gefolgt.

Nach der Dissolution blieb von der Abtei allerdings einzig die reichverzierte Westfassade mit dem Turm des nördlichen Seitenschiffs erhalten, das bis heute als Pfarrkirche genutzt wird. Vor den Ruinen liegt der Friedhof der Gemeinde.

Die Überreste der Abtei stammen fast ausnahmslos aus der Mitte des 13. Jahrhunderts, nur der Torbau ist um 1450 entstanden.

heit schließlich seine größte Schimpfkanonade verdankt, es sei dahin gestellt. Jedenfalls, so will es die Legende, muss Guthlac, deshalb geschwächt, krank auf dem Lager gelegen und die Moskitos mit den aus seiner Sicht barbarischen Ureinwohnern verwechselt haben. Diese wenig bekehrungsgeneigten Zeitgenossen – Heiden eben – waren Guthlac von jeher ein Übel gewesen; jetzt aber erschienen sie ihm als Dämonen „mit dicken Lippen, scharfen Stimmen, fetten Backen, Hühnerbrüsten, verbogenen Beinen und geschwollenen Knöcheln", derart, dass er sich schon in der Hölle wähnte. Hätte der Apostel Bartholomäus kein Einsehen gehabt und ihm in einer Vision eine Peitsche wider seine Feinde gegeben, Guthlac wäre nie in den Ruf jenes heilbringenden Eremiten gekommen, bei dem man sich Rat in spirituellen Angelegenheiten holte und der als Königsmacher wirkte, indem er dem Adeligen Ethelbald prophezeite, Herrscher über England zu werden. Zwei Jahre nach Guthlacs Tod, 716, half Ethelbald der Voraussage nach – der Glaube kann bekanntlich Berge versetzen – und wurde Englands Herrscher.

Königen wird in derartigen Fällen ein ausgesprochenes Dankbarkeitsgefühl nachgesagt. So auch im Falle von Ethelbald: Der gründete 716 CROWLAND ABBEY.

Binham Priory – Der Alchimist

Diese und folgende Doppelseite:

Peter de Valoines, ein Neffe Wilhelm des Eroberers, gründete 1091 bei Walsingham in Norfolk das von der Benediktinerabtei St. Albans abhängige Binham Priory. Die Stiftung für den Bau des Priorats erfolgte bereits unter Heinrich I., vermutlich um 1104, aber die Arbeiten zogen sich bis in die Mitte des 13. Jahrhunderts hinein.

Die beeindruckende hochgotische Westfassade wurde unter Prior Richard de Parco errichtet, der Binham von 1226 bis 1244 vorstand. Das guterhaltene Mittelschiff der Prioratskirche wird heute als Pfarrkirche genutzt. Hier ist der Aufriss der ursprünglich dreischiffigen Emporenbasilika noch gut erkennbar. Die Ostteile der Kirche sind – wie der Rest des Klosters – Ruine. Die Überreste des Vierungsturms ragen wie bizarre Skulpturen in den Himmel, seitdem Binham 1540 der Dissolution zum Opfer fiel.

„Nimm vom gewöhnlichen Regenwasser eine gute Menge, wenigstens zehn Quarter; bewahre es mindestens zehn Tage gut versiegelt in Glasgefäßen auf, dann werden sich Materie und Unrat am Boden absetzen. Schütte die klare Flüssigkeit ab und gib sie in ein hölzernes Gefäß, das rund ist wie ein Ball; zerschneide es in der Mitte, fülle das Gefäß zu einem Drittel und setze es gegen Mittag an einem geheimen oder abgeschlossenen Ort in die Sonne." – Hätte William de Somerton die *„Abtala Jurain"* gekannt, er hätte sich wohl tagelang im Dormitorium eingeschlossen, gebeugt über diese Handschrift, die Reichtum und ein langes Leben versprach. Binham Priory war nie ein reiches Kloster, aber es trachtete danach, es zu werden.

1091 als Filiation der mächtigen Benediktinerabtei St. Albans gegründet, fristete das Benediktinerpriorat in den goldgelben Getreidefeldern bei Walsingham in der Grafschaft Norfolk ein doch sehr bescheidenes Dasein. Begehrlichkeiten oder Kontrolle seitens des Mutterhauses ließ das nicht aufkommen, und so breitete sich in Binham unbeobachtet eine Kultur aus, die in der Kirche, weltläufiger Meinung zum Trotz, überhaupt nicht wohlgelitten war: die Alchimie.

Als William de Somerton 1317 Prior der Benediktinerabtei Binham wurde, muss er sich ähnliche Schriften besorgt haben. Draußen verwelkten die goldenen Felder, drinnen im Armarium, der klösterlichen Bibliothek, aber saßen dreizehn Mönche über Schriften gebeugt, die vom Wesen ihrer Leser zeugten, nicht aber von ihrem Glauben: „Wie kann man Gold gewinnen?" war ihre zugegebenermaßen eher weltliche denn religiöse Frage. Fortschritte schienen de Somerton und die Seinen bei ihrer Beantwortung jedoch nicht zu machen.

Ohne Erfolg investierte der Vorsteher größere Summen des Klosterkapitals in die Experimente zur Goldgewinnung. Als das Budget langsam zur Neige ging, veräußerte de Somerton kurzerhand die gewinnträchtigsten Besitztümer des Priorats: zwei Kelche, sechs Schalen, sieben Goldringe, Silberbesteck, Silbertassen und seidene Stoffe finanzierten ihm fortan seine Suche nach Gold. Selbst der Hostienkelch wurde im Namen der angeblichen Wissenschaft versetzt. Die

Suche nach dem „Stoff der Stoffe" geriet zum Debakel. Dem 1540 aufgelösten Binham blieb keine andere Wahl als immer mehr in die alchimistische Forschung zu investieren. De Somertons Mitbrüder mussten notgedrungen mitspielen. Sie konnten von diesen goldenen Träumen schon ganze Lieder singen. Diese Lieder entstammten allerdings der Leibesmitte – ihre Mägen knurrten; de Somerton hatte seine Brüder auf reduzierte Kost gesetzt.

Der Prior selbst aber schwelgte in seinen Studien: „Dadurch wirst du die Geheimnisse Gottes klar erkennen, die zur Zeit vor dir wie vor einem Kind verborgen sind. Du wirst verstehen, was Mose über die Schöpfung geschrieben hat. Du wirst sehen, von welcher Art die Körper von Adam und Eva vor und nach dem Sündenfall waren, was die Schlange war, was der Baum und welche Frucht sie aßen; wo und was das Paradies ist und in welchen Leibern die Gerechten auferstehen werden; nicht in diesem Körper, den wir von Adam empfangen haben, sondern in dem, den wir durch den Heiligen Geist empfangen, namentlich in solch einem Leib, wie ihn unser Heiland aus dem Himmel mitbrachte."

Auf die Spur der Geheimnisse BINHAMS kam Abt Hugh vom Mutterkloster St. Albans. Der wegen seiner Verschwendungssucht selbst nicht gerade gut beleumundete Abt begab sich nach Binham, um das Seinige, nämlich Abgaben zu fordern – und fand die Tür des Priorats verschlossen. In seiner pekuniären Not wandte er sich an König Edward I. Der ließ sechs Mönche verhaften, de Somerton aber konnte nach Rom fliehen, wurde später begnadigt und musste 1335 ein zweites Mal Binham verlassen. Da hinterließ er einen Schuldenberg von damals astronomischen 600 Pfund.

BINHAMS Ruf, ein Ort gewesen zu sein, an dem verrückte Studien betrieben wurden, hat wohl Alexander de Langley, ehemaliger Prior zu Wymondham begründet. Welche Studien das waren, darüber schweigt sich die Legende aus. Jedenfalls war de Langley um 1250 durch übertriebenes und übereifriges Studium wahnsinnig geworden und kam in Binham Priory in Einzelhaft, in der er den Rest seines Lebens verbrachte. Als er starb, verscharrten die Mönche seinen Leichnam in Ketten auf dem Friedhof.

Die Galloway-Klöster – Lady Devorgilla fasst sich ein Herz

„...*a living fount of wisdom dies*" – „In Devorgilla starb eine sprudelnde Quelle der Weisheit!" Die Mönche von New Abbey im schottischen Dumfries nickten anerkennend. Sie standen vor dem frisch gemeißelten Grabmonument vor dem Hochaltar, für das der befreundete Prior von Lanercost in Cumberland diese elegische Inschrift verfasst hatte. Manch einer wischte sich verstohlen die feuchten Augen und dachte: „Das hat er gut gesagt, der Bruder Hugh de Burgh!"

Selten hatten es Klosterbrüder mit einer Klosterstifterin besser getroffen als mit Lady Devorgilla of Galloway, darüber waren sie sich einig. Alles, was diese Dame angefasst hatte, schien ihr eine Herzensangelegenheit gewesen zu sein, wenngleich ihre zupackende Art nicht immer auf ungeteilte Zustimmung gestoßen sein mochte...

Die Lady von königlich schottischem Geblüt, die 1289 nach einem für damalige Verhältnisse sensationell langen Leben von 81 Jahren starb, war wahrlich eine beeindruckende Frau. Als Gründerin von Ordenshäusern wie New Abbey bei Dumfries, Wigton-Abbey in Dundee und einer Universität, des Balliol College in Oxford, ging sie in die schottische Geschichte ein...

Die romantische, typisch schottische Legende um Devorgilla, die Lady von Buittle Castle, wie sie hier in den Dumfries bis heute erzählt wird, dreht sich aber um die unsterbliche Liebe, die sie mit ihrem Mann, John Balliol, verband. Liebe kann Schlösser bauen. Man trägt sie im Herzen. Lady Devorgilla hat das vielleicht etwas zu wörtlich genommen. Die Mönche von New Abbey wussten das nur zu gut. Schweigend standen sie vor der Grabtafel ihrer Gönnerin.

Als John Balliol 1269 starb, beschloss die trauernde Witwe, zu seinem Gedenken eine neue Zisterzienserabtei zu gründen, dort, wo der River Nith in den Solway Firth fließt, umgeben von einem Felsen aus Granit mit dem Namen Criffel. Am 10. April 1273 unterzeichnete sie im Gedenken an ihre verblichene Liebe die Stiftungsurkunde für New Abbey, eine Tochterabtei von Dundrennan. So steht es geschrieben auf der Gedenktafel eines unbekannten Abtes über einer Grabplatte in einer Nische beim Portal der Abteikirche.

Der Unbenannte führt seine Hand zum Herzen, aus dem ein Dolch ragt. Zu seinen Füßen liegt der Bösewicht. Es ist ein Mördergesicht, und zur Strafe für den feigen Mord an einem Gottesmann haben ihn die Mönche mit aus dem Bauch quellenden Eingeweiden dargestellt. Auch Lady Devorgillas Grabfigur führt ihre Hand zum Herzen. Wenngleich aus gänzlich anderem Grund: Zum Zeichen ihres aus

Vermutlich war es König David I. (1124-1153), der im Jahre 1142 die Zisterzienser in DUNDRENNAN in der schottischen Grafschaft Dumfries and Galloway ansiedelte. Die ersten Mönche kamen aus Rievaulx oder einem der anderen großen Häuser in Yorkshire. Die Abteibauten entstanden in der zweiten Hälfte des 12. Jahrhunderts. Die Rundbogenfenster, die spitzbogigen Türen und der Blendbogenfries an den Überresten der Nordquerhausfassade lassen noch etwas vom Charme des schlichten frühgotischen Baustils erkennen, der die gesamte Klosteranlage gekennzeichnet haben muss. Der Rest der Abtei ist außer den beiden östlichen Langhausjochen, der Westwand des Südquerhauses und der Eingangswand des Kapitelsaales bis auf die Grundmauern abgetragen.

Obwohl die Mönche von Dundrennan während der englisch-schottischen Kriege Anfang des 14. Jahrhunderts auf der Seite Edwards I. von England standen, wurde die Abtei wie alle Klöster im Bereich der Scottish Borders von Zerstörung und Feuer heimgesucht.

1523, als ein Verwalter den letzten Abt ersetzte, war die Klostergemeinschaft von Dundrennan schon stark geschrumpft und die Bauten befanden sich in einem schlechtem Zustand. Der endgültige Verfall setzte ein, nachdem mit der Reformation der Church of Scotland das klösterliche Leben in Dundrennan zu Ende gegangen war.

Am 15. Mai 1568 beherbergte Dundrennan noch einmal einen besonderen Gast: die schottische Königin Maria Stuart übernachtete hier auf ihrer Flucht nach England zum letzten Mal auf schottischem Boden, nachdem sie zur Abdankung gezwungen worden war – sie sollte Schottland nie wieder betreten.

Trauer um den Geliebten gebrochenen Herzens.

Als Witwe trug die Lady stets eine Dose aus Elfenbein mit emailliertem Silber bei sich. Von diesem Talisman sagte sie, es sei ihr „süsser, stiller Begleiter". Das Schmuckobjekt enthielt das einbalsamierte Herz ihres verblichenen Gatten, John Balliol. „Devorgilla fasste sich ein Herz", war in diesem Fall immer wörtlich zu verstehen: Sie trug ein zweites mit sich herum. Ein Zeichen für die unsterbliche Liebe der Lady aus Dalbeattie, das sie bis zu ihrem Tode 1289 bei jedem Anlass mit sich führte und an ihren Busen drückte. Als sie mit ihrem Fetisch gegenüber dem Hochaltar der Klosterkirche bestattet wurde, gaben sich die Mönche vom River Nith bewegt. „Schenke, oh allmächtiger Herr im Himmel, Devorgilla die ersehnte Ruhe, gleichfalls dem Herzen ihres Gatten, die diese Steine bedecken", dichtete Prior Hugh de Burgh. Und die Mönche beschlossen, ihre Abtei in Dulce Cor oder Sweetheart umzubenennen – Süßes Herz. Ein Ort der Ruhe am silbernen Wasser des Nith.

Die Mauern der hochgotischen Klosterkirche von Sweetheart Abbey im schottischen Dumfries and Galloway stehen noch fast vollständig. Lady Devorgilla aus Buittle Castle bei Dalbeattie stiftete die Zisterzienserabtei 1273 zum Andenken an ihren verstorbenen Ehemann John Balliol. Das Herz ihres toten Mannes trug Devorgilla bis an ihr Lebensende einbalsamiert und in einem silbernen Amulett bei sich. Die Mönche wählten passend zur unsterblichen Liebe ihrer Stifterin für die Abtei den Namen Sweetheart Abbey.

Die Abtei überstand zunächst bis 1608 die Reformation der Church of England, weil der letzte Abt Gilbert Broun sich weigerte, die neue Religion zu übernehmen. Darauf folgte der Verfall. Seit 1779 setzen sich allerdings Leute aus der Gegend für die Erhaltung der Kirche ein.

Die Borderklöster – Das reisende Herz

„Und willst du des Zaubers sicher sein, so besuche Melros' bei Mondenschein". Der Verfasser dieser Zeilen, der schottische Autor Sir Walter Scott, war wahrscheinlich von etwas morbider Natur, vielleicht war er auch nur ein Freund von ruhelosen Geistern und fliegenden Mönchen. Zumindest hat Sir Walter Scott „Zauber" im doppelten Sinne verstanden: MELROSE ABBEY, das Zisterzienser-Kloster in den Scottish Borders, jener mit Abteien gespickten Grenzregion zu England, liegt nicht nur traumhaft schön in einer Parklandschaft unweit des River Tweed. An diesem Ort spielen allerhand zauberhafte, unheimliche Geschichten. So auch jene von dem königlichen Herz, eine Geschichte, mit deren Zauber man heute noch jedem Kind im Vereinigten Königreich Angst machen kann, wenn es nicht schlafen will...

Wie hätte der dichtende Adelige sonst auch dem Lob seiner Wahlheimat Abbotford, der Furt des Abtes, vis-à-vis zu den geschundenen Steinen von Melrose, jenen Satz angefügt: „Die goldene Sonne, das Tageslicht, Sie passen zu seinen Trümmern nicht."

In diesen Trümmern mit Drachenköpfen und grinsenden Wasserspeiern, so erzählt man sich hier, spukt es, und das nicht zu knapp. Man nehme nur die Geschichte vom Geist des Michael Scott, einem Mönch, begraben im südlichen Querschiff der Abteikirche, wo er um Mitternacht umgeht. Dieser Mönch also war ein Gelehrter, Zauberer, Hexenmeister und Widersacher des Teufels. Dem Jenseitigen zeigte er seine mönchische Macht, so heißt es, abends bei Whiskey und Bier, indem er die berühmten Eildos Hills unweit der Abtei in drei Hügel teilte. Was den Teufel beeindruckt haben mag, ließ seine Mitmenschen und Mitbrüder kalt: Wer Schriften gegen die Ausübung der Zauberei verfasst, muss selbst ein Hexenmeister sein!

Ob Scott zum Herumgeisterer wurde, weil er unverstanden blieb oder weil er sich tatsächlich zu sehr ins Dunkel der Macht gelehnt hatte, das sei dahingestellt.

Die Steinmetze jener Tage, die in DRYBURGH ein sehr schräg geratenes Mühlespiel in den heiligen Stein ritzten, um sich wie üblich die Pausen beim Wiederaufbau hin und wieder abgebrannter Klosteranlagen zu verkürzen, dürften sich Geschichten wie die von der Grauen Lady erzählt haben. Heute ist dafür Rowland Duncan zuständig, der in DRYBURGH ABBEY nach dem Rechten sieht. Aber er kommt nur dann ins Erzählen, wenn spätabends, kurz vor Mitternacht, der Tee dampft und der Nebel einmal wieder sehr dicht ist.

Das ist die Zeit jener verwunschenen jungen Frau aus dem Herrenhaus nebenan, der einst ein Mönch nicht

Um 1500 wurde MELROSE von Grenzkriegen und deren Auswirkungen nicht verschont. Von der Plünderung durch die Engländer im Jahre 1544, die im Zusammenhang mit Maria Stuarts Thronfolge in Schottland stand, konnte sich MELROSE nicht mehr erholen. Der mittlerweile anstelle des Abtes eingesetzte Verwalter tat nichts, um die Schäden zu reparieren und den wenigen verbliebenen Mönche fehlte dazu die Kraft; der Verfall setzte ein.

Steinmetze ritzten einst ein Mühlespiel in die Mauern von DRYBURGH ABBEY.

widerstehen konnte. Und während Rowland Duncan sich durch seinen graumelierten Bart fährt, entsteht die Geschichte einer verbotenen Liebe, außerhalb der Klostermauern, mit versteckten Blicken, schnellen Schritten und eingezogenem Kopf. Die Liebenden wurden entdeckt und zur Rechenschaft gezogen. In Dryburgh Abbey wurde nicht lange gefackelt: „Der Abt bekam einen Wutanfall. Dieser gottlose Mönch sollte exekutiert werden. Und zwar sofort."

Unterdessen ist der Tee kalt geworden. Rowland Duncans Frau Warda gießt etwas heißen Tee nach und rückt die Kekse zurecht. Duncans Stimme hebt abermals an und füllt den Raum: Die junge Frau stand jetzt am Fluss. Es war eine wolkenverhangene Nacht. Ihre Haare waren ob des Ungeheuerlichen grau geworden. Ein Schritt der Verzweiflung, und sie stürzte sich in den Fluss. „Seit ihrem Tod geistert sie als graue Lady durch Dryburgh Abbey und das Hotel, das nebenan an der Stelle des alten Herrenhauses errichtet wurde", sagt Rowland Duncan in die Stille hinein. „Sie lässt sich im Hotel aber nur sehen, wenn Unheil droht."

„Sir Walter Scott ist hier in Dryburgh Abbey auf seinen Wunsch begraben worden", sagt Duncan Rowland in die Stille, und sein rollender schottischer Akzent lässt es wie eine Drohung klingen. Nicht dass das 1150 von Hugo de Melville errichtete Kloster der weißen Prämonstratenser kein schöner Ort wäre; es liegt inmitten einer Flussbiegung, umgeben von den Wäldern der Scottish Borders – aber wie morbide muss man sein, um den Wunsch zu verspüren, inmitten all dieser Dramen seine letzte Ruhe zu finden? War Melrose für Scott vielleicht jener zauberhafte Ort bei Mondenschein?

Die Frau Duncan Rowlands rückt ihre Brille zurecht. "Melrose Abbey, 24. Juni 1314." An diesem Tag schlug Robert the Bruce, der zukünftige König der Schotten, in der Schlacht von Bannockburn die heranstürmenden Truppen Edwards II. von England zurück. Zuvor hatte er geschworen, ins heilige Land zu pilgern, wenn die Feinde vertrieben würden. Robert the Bruce konnte seinen Schwur jedoch nicht mehr einlösen. Er starb 1329, wahrscheinlich an Lepra.

Fast 600 Jahre später fanden Archäologen eine silberne Kapsel und damit den Grund für die Schlaflosigkeit tausender britischer Kinder. Die Kapsel enthielt ein mumifiziertes Herz. Der Legende nach soll der getreue Graf Douglas das Lebensorgan seines Königs nach dessen Tod auf einen Kreuzzug ins Heilige Land mitgenommen haben. Unterwegs starb er, die silberne Kapsel mit dem reisenden Herz aber fand auf verschlungenen Pfaden nach Melrose, in die schottische Heimat, zurück.

Duncans Frau gießt Tee nach. Wie sagt man in den Borders, wenn ein Kind nicht schlafen will? – „Wenn du nicht brav bist, kommt der verhexte Black Douglas und nimmt dich mit!"

Als erste Niederlassung der Prämonstratenser in Schottland wurde Dryburgh 1150 in den Borders gegründet und mit Regularkanonikern aus Alnwick in Northumberland besiedelt. Architektonisch lehnt sich die Anlage, die in den wesentlichen Teilen aus dem späten 12. Jahrhunderts stammt, an zisterziensische Vorbilder an: die Kirche ist dreischiffig, hat ein Querhaus und Ostteile mit drei flachgeschlossenen Apsiden.

Hugh de Moreville, Gründer der Abtei und Constable König Davids I. (1124-53), war zugleich der wichtigste Stifter der Abtei. Er trat noch im hohen Alter als Novize in Dryburgh ein, wo er 1162 starb. Er hatte viel für sein Seelenheil getan, doch sein Sohn Hugh gehörte 1170 zu den vier Mördern, die den später heiliggesprochenen Thomas Becket in der Kathedrale von Canterbury niederstachen.

Die idyllische Lage Dryburghs, inmitten kleiner Wälder in einer Schleife des River Tweed schützte es nicht vor der wiederholten Zerstörung durch marodierende englische Soldaten auf ihrem Zug nach und von Schottland. 1322, 1385 und 1523 wurde die Abtei durch Feuer zerstört. Von den vernichtenden Schlägen des Jahres 1544 während des englisch-schottischen Krieges konnte sie sich nicht mehr erholen. Das endgültige Ende für das Klosterleben in Dryburgh kam mit der Reformation der Church of Scotland im Jahre 1560.

GOTTES HÖRSAAL – DIE ARCHITEKTUR

Die Zisterzienser – Das Maß ist die Maßlosigkeit

Augustinus hatte gewarnt: „Die sich an dem, was draußen ist, freuen wollen, schwinden rasch dahin, zerfließen im Zeitlichen und ihre Gedanken lecken hungrig an bloßen Bildern." Auch wenn die Litaneien des Heiligen tagein, tagaus im Refektorium den löffelnden Brüdern vorgetragen wurden, so waren diese Zeilen aus unerfindlichen Gründen unterschlagen worden, und es bedurfte eines Bernhard von Clairvaux und seiner Zisterzienser, um dem seltsam formulierten Bilderverbot des Augustinus zu seinem Recht zu verhelfen...

Im Mittelalter galt das Kloster als „Hörsaal des Heiligen Geistes". Indes sollte erst der Bauorganismus der Zisterzienser das „*Auditorium Spiritus Sancti*" vervollkommnen. Den Grundstein dafür hatten Augustinus und die Griechen gelegt. Seither war viel Zeit vergangen. Baukunst war für Augustinus ein Abbild der ewigen Harmonie, die alles Weltall beherrschende „*musica humana*". Die Erotik der Zahl, gehauen in Stein. Ein vollkommen abstraktes brüderliches Gefüge ewiger Zahlenverhältnisse und mathematischer Gesetze mit der Schwester, der Architektur, an seiner Seite. Beide, so Kirchenvater Augustinus, seien Kinder der Zahl. Architektur sei der Spiegel ewiger Harmonie und die Musik ihr Echo. Und Pythagoras pflichtete ihm bei: Zahlen sind das eigentliche Geheimnis und die Bausteine der Welt.

Bernhard, der Zisterzienser, hätte auch sagen können „Der Kosmos singt", denn wie Kirchenvater Augustinus, auf den er sich berief, vertrat er die Auffassung, dass allein die Musik Menschen Wahrheit vermitteln kann. In Architektur aber war für ihn Musik.

Dem Kunstverständnis der Zisterzienser lagen Maß und Proportion deswegen am Herzen, weil sie darin den Schlüssel zur absoluten Übereinstimmung mit der harmonischen Ordnung der Schöpfung erblickten. Maß, Zahl und Gewicht – alles hatte sich möglichst dem Verhältnis Eins zu Eins unterzuordnen, gefolgt von einem Oktaven-, Quint- und Quartverhältnis – gleich dem Wohlklang in der Musik. Und nichts sollte den Geist von diesem inneren Gleichgewicht des Kosmos ablenken. Nur das innere Auge des Geistes konnte aus dieser Sicht mittels Meditation zur Gottesschau gelangen.

Für Bernhard bedeutete Leben im Kloster eine Vorahnung des Paradieses. Wo Kontemplation derart im Mittelpunkt stand, störte die prunkvolle Bau- und Bilderwelt der Cluniazenser. Zu leicht wurde bei diesen über dem Bauen die Erbauung vergessen, kritisierte Bernhard und führte aus, dass die Wallfahrer durch den Prunk der Architektur eher zum Staunen und Spenden als zum Beten angehalten wurden.

KIRKSTALL ABBEY war eine Niederlassung der Zisterzienser in Leeds, West Yorkshire. Die 1147 gegründete Abtei gehörte zu den kleineren Häusern ihres Ordens, trotz des gewaltigen Eindrucks, den die Ruinen vermitteln. Von der Klosterkirche und den Konventsgebäuden stehen noch viele Mauern bis zur Höhe des Dachtraufs. Sogar eine Wand des Vierungsturms hat die Zeiten seit der Auflösung von KIRKSTALL ABBEY im 16. Jahrhundert überdauert.

Kirche und Konventsgebäude wurden im 12. Jahrhundert errichtet. Die Mönche leisteten sich im 15. Jahrhundert allerdings den Umbau ihres Refektoriums. Der neue Bau war zweistöckig und sah anstelle des sonst üblichen Lesepultes einen Kamin vor. Die Mönche des 15. Jahrhunderts wollten es lieber warm haben während der Mahlzeiten als erbaulichen Texten lauschen, wie es die Regel des heiligen Benedikt, der auch die Zisterzienser folgten, vorsah.

Weil sich das Leben der Zisterzienser nach strengen, immer gleichen Regeln abspielte, sahen auch ihre Gottespaläste immer gleich aus. Der Kirchenbau erfolgte *„ad quadratam"*: die Seitenverhältnisse der Gotteshäuser hatten dem musikalischen Wohlklang von Oktave (1:8), Quinte (1:5) und Quarte (1:4) zu entsprechen. In einer Zeit, die romanische Formphantasie und gotisches Ausdrucksverlangen hervorbrachte, war die zisterziensische Klosteranlage ein radikaler Gegenentwurf: Kirchen ohne Türme, Fenster ohne Farbe, unverputzte Wände, Bauelemente ohne Figuren und Ornamente, als einziges Bild eine Madonna.

Immer hatte die Kirche in der Gesamtanlage den höchsten Punkt einzunehmen. An ihrer Nord- oder Südflanke schloss sich das Viereck der Klausurgebäude an. Im Norden der Anlage sollte die Kirche, im Süden der Kreuzgang stehen. Quasi der Außenwelt zugewandt, lagen im Westen die Räumlichkeiten der Konversen mit dem Dormitorium darüber sowie dem Cellarium, dem Vorratskeller, neben der Kirche. Nach Osten hin befand sich schließlich die Wohnanlage der Mönche.

Da Laienbrüder den Kreuzgang nicht betreten durften, wurde für sie der sogenannte Ern, die Klostergasse mit Verbindung zu Kirche und Dormitorium, eingerichtet. Standesunterschiede wurden in den Mauern eines jeden Klosters konsequent beachtet.

Mittelpunkt der Anlage war die Klausur mit den Aufenthaltsräumen der Priestermönche. In ihrer Mitte lag ein quadratischer Kreuzgang, oftmals mit einem Brunnenhaus versehen, in welchem Erz- und Marmorschalen Was-

ser spendeten. Somit war dieser Teil des Klosters nicht nur Verbindungsgang zu anderen Räumlichkeiten, sondern auch Ort innerer Sammlung. Ein vom Armarium zum Brunnenhaus eilender Mönch musste hier unwillkürlich seinen Schritt mäßigen. Im Mönchsflügel im Osten waren die Sakristei und die Klosterbibliothek, das Armarium, untergebracht. Wichtigster Versammlungsraum war der Kapitelsaal, so benannt, da hier Kapitel aus der Ordensregel vorgelesen wurden. Diesem schlossen sich die Studierstube, der Brudersaal, genannt Fraterie, und das Auditorium an, ein Raum, in dem Besprechungen und die Einteilungen der täglichen Arbeiten erfolgte.

Weitere Gebäude waren das Kalefaktorium, der einzige beheizte Raum des Klosters, und der Speisesaal, das Refektorium mit angeschlossener Küche im Nord- oder Südflügel der Anlage. Parallel zur Kirche lehnte sich immer eine Seite des Kreuzganges mit der für Zisterzienser typischen Steinbank an der Kirchenwand an. Diese Bank diente der abendlichen Lesung vor der Komplet sowie rituellen Fußwaschungen. In manchen Fällen war dem Kreuzgang noch ein zweiter offener Raum, das sogenannte „*Quadrum*" angeschlossen. In diesem „Kreuzgang der Kopisten" lagen die Räume der Schreibmönche sowie die Bibliothek.

Die Forderung nach Weltabgeschiedenheit versinnbildlichte die Klostermauer. Mitunter bis zu fünf Kilometer lang, befanden sich in ihrem wehrhaften, durch Türme verstärkten Ring Werkstätten, Scheunen, Mühlen, Ziegelei, Bäckerei, Brauerei, Kornspeicher, Ställe und Brennöfen sowie Novizengebäude und Krankenhaus.

Die Zisterzienserabtei NETLEY ABBEY bei Southhampton in der Grafschaft Hampshire existierte von 1239 bis 1536.

Von der hochgotischen Klosteranlage stehen noch viele Mauern bis zur Höhe des Dachtraufs. Vom Kapitelsaal ist sogar das Gewölbe erhalten. Die Mauern sind schmucklos. Die Gruppenfenster der Kirche, die aus einfachen Lanzetten bestehen, und die schlichten Maßwerkfenster der Klostergebäude sind die einzigen Verzierungen.

Nach Möglichkeit durchfloss ein Wasserkanal die Klausur. Dem Wasser maßen die Zisterzienser nicht nur hygienische, sondern auch symbolische Bedeutung bei – es reinigte und war damit Sinnbild des Mönchslebens. Dementsprechend waren die Brunnenhäuser in sorgsam geglättete Steine eingefasst.

Die sakrale Bedeutung des paradiesischen Saals der Klosterkirche wurde zudem durch die akustischen Eigenschaften des Kirchenraums hervorgehoben, der den liturgischen Gesang der Mönche verstärkte. Wenn es einen Ort des kosmischen Klanges im Sinne des Augustinus gab, dann war er hier. Dem „benediktinischen Plan" entsprechend wurde zwar die Kreuzform des Grundrisses beibehalten, doch kamen die Sakralbauten – in den Ordenskirchen der Weißen Mönche waren Pfarrgemeinden und Pilger nicht zugelassen – ohne zusätzliche Gebäudeteile aus. Mithin verleiht diese Tendenz der Schlichtheit zisterziensischen Kirchen den Eindruck von Ausgewogenheit und Kompaktheit.

Gleichwohl erfuhren die Anlagen der Weißen Mönche in verschiedenen Ländern leichte Abwandlungen, doch nirgends erreichte die Zisterzienserarchitektur solch gewaltige Ausmaße wie in England, wo vor allem die gewaltige, inseltypische Längenerstreckung des Kirchenschiffs ins Auge fälllt.

„Das Maß ist die Maßlosigkeit" hatte Bernhard von Clairvaux einst postuliert. Dass die enormen Maße englischer Großabteien indes nicht maßlos erscheinen, sondern sich im Gegenteil harmonisch und ausgewogen geben, belegt das überlegte Kunstkonzept dieses Ordens. Der Mensch sollte nicht

Gespenstisch wirken die Überreste der Zisterzienserabtei Roche Abbey (oben) bei Maltby in South Yorkshire. Von der Kirche stehen nur noch Teile des Querhauses. Die Stümpfe der Langhaussäulen im Vordergrund wirken auf den ersten Blick wie Grabsteine auf einem Friedhof. Die ganze Anlage ist in einem zerklüfteten Kalksteintal gelegen.

Der Grundriss der gegen Ende des 12. Jahrhunderts errichteten Abtei entsprach dem zisterziensischen „Idealplan".

Roche wurde 1147 von Richard de Bully of Tickhill und Richard fitz Turgis als Tochter von Newminster in Northumberland gegründet. Am 23. Juni 1538 wurde die Abtei im Zuge der Dissolution aufgelöst.

der Größe Gottes wegen im Angesicht seiner Kirchen vor Scham und Nichtigkeit erschaudern, sondern das Gefühl der Gottesnähe haben. Ob das mächtige Rievaulx oder kleinere Anlagen wie Buildwas oder Melrose – trotz ihres Zerfalls nach der Auflösung durch Heinrich VIII. beeindrucken die Abteiruinen noch immer.

Fiat Lux – Es werde Licht

Die Benediktinerabtei Strata Florida bei Tregaron im walisischen Dyfed (linke Seite, kleine Bilder) soll einmal eines der schönsten walisischen Klöster gewesen sein. Nur ein Teil der Westwand mit dem Eingangsportal blieb von ihm stehen, der Rest ist bis auf die Grundmauern abgetragen.

Der normannische Herr von Pennard, Robert fitz Stephen, war der Gründer der Abtei, der die Zisterzienser am Ufer des Flusses Fflur angesiedelt hatte. Ein Jahr später wurde er von dem einheimischen walisischen Lord Rhys (Yr Arglwydd Rhys) gefangengenommen, der sich von da an der Abtei Strata Florida annahm.

Die Abtei wurde im Februar 1539 aufgelöst und an die Krone verkauft. Mit den Steinen der Klostergebäude entstand das königliche Herrenhaus im nahegelegenen Talley.

„*Lumen divinum nobis*" – „Wir bedürfen des göttlichen Lichtes", hat Bernhard von Clairvaux gesagt. Auch wenn der mächtige Zisterzienser der Baukunst kein Interesse entgegenbrachte, so hingen seine Eleven ihm doch an den Lippen und versuchten gerade in der Architektur, Bernhards Ansichten in die Tat umzusetzen.

Drei Farben Weiß – Klarheit, Reinheit und Dauerhaftigkeit – bestimmten den Bau der Zisterzienserkirchen. Heraus aus dem Dunkel der Cluniazenser, hinein in die Aura des göttlichen Scheins. Lichtführung galt den Weißen Mönchen als wesentlicher Bestandteil architektonischer Vollkommenheit, offenbarte sich nach mittelalterlicher Auffassung in der Schönheit des sichtbaren Lichtes doch die Schöpfung selbst. Abgeleitet wurde diese „Lichtmetaphysik" einmal mehr vom Kirchenvater Augustinus. „*Fiat lux*" – „Es werde Licht" hatte es am ersten Schöpfungstag geheißen; es lag also auf der Hand: Erst der göttliche Sonnenaufgang, dieser Urschein, ermöglichte die Entstehung aller Dinge.

Wollten die Zisterzienser mehr als andere dem Jenseits nahe sein, mussten sie – symbolisch – ein wenig von diesem Licht in ihre Kirchen lassen. Das ist ihnen in Byland Abbey meisterhaft gelungen: Die Mauern innen und außen blieben ohne ornamentalen Schmuck. Einziges dekoratives Element waren Säulen und Pfeiler mit bearbeiteten Kapitellen. Durch den Verzicht auf einen Kirchturm, hatte man im Westen des Sakralbaus eine zusätzliche Möglichkeit der Lichtführung. Keine Schatten, keine harten Linien – wer nunmehr in der Kirche von Byland Abbey saß, wurde seinerzeit Zeuge eines ungewöhnlichen Spiels: Keine Vorsprünge, keine Kanten hinderten das wandernde Licht, man wurde Zeuge der wechselnden Färbungen des Steins im Innern der Kirche. Auch dieses war zisterziensische Symbolik: Das Spiel der Farben stellte den göttlichen Charakter des Lichtes heraus und kündigte „in dem Bethaus die jenseitige Wonne an, die der Seele zuteil wird, wenn sie sich von Angesicht zu Angesicht mit der reinen Quelle des Lichtes befinden wird".

Entscheidend für den Raumeindruck war die Höhe des Lichteinfalls. Hohes Licht erzeugt hochliegende, stark beleuchtete Flächen. In Tintern Abbey etwa wurden die Fensterreihen über den Dächern der Seitenschiffe angeordnet. Somit nahm die Intensität in der walisischen Abtei in der Grafschaft Gwent je nach Reflexionsfähigkeit der steinernen Wände nach unten hin ab. Die Seitenschiffe unterstützten das mönchische Verlangen nach dämmeriger Formlosigkeit und geheimnisvoll Visionärem.

Das Licht selbst war nackt. Es entfaltete seine schöpferische Symbolik allein auf den Flächen des geschliffenen Steines. Auch hier wurde der Forderung nach Enthaltsamkeit entsprochen – farbige Glasfenster waren untersagt, stattdessen wurden Gitter grau getönter Scheiben mit unauffälligen geometrischen Mustern eingesetzt. Damit war auch das Kerzenproblem der Cluniazenser gelöst: Vom Morgengrauen bis zur Abenddämmerung verbreiteten sich im heiligen Raum der Kirche allein die von Gott ausgesandten Lichtstrahlen. Das Flackern der Kerzen musste darunter verblassen.

In Tintern bei Chepstow im englischen Gwent sind die Überreste der Zisterzienserabtei TINTERN ABBEY zu sehen. Die 1131 von Walter fitz Richard of Clare († 1138) gegründete Abtei war die erste Zisterzienserniederlassung in Wales.

Die ursprüngliche Klosteranlage, die schon im 12. Jahrhundert entstand, erfuhr im Laufe des 13. und 14. Jahrhunderts zahlreiche Umbauten und Erweiterungen. Die Abteikirche, deren Mauern fast vollständig erhalten sind, wurde in der zweiten Hälfte des 13. Jahrhunderts noch einmal neu im spätgotischen Decorated Style aufgebaut.

Kurz vor der Dissolution, im frühen 16. Jahrhundert, entstand der spätgotische Aufbau über dem Kalefaktorium. TINTERN ABBEY wurde am 3. September 1536 von ihrem letzten Abt Richard Wyche an die Visitatoren des Königs übergeben. Damit gingen 400 Jahre Klosterleben zu Ende.

Die Cluniazenser – Mauern des Geistes

„Wenn immer nötig, soll das Kloster so angelegt sein, dass alles Notwendige, das heißt Wasser, Mühle, Garten und Werkstätten, innerhalb der Klostermauern sich befinden", schrieb Benedikt von Nursia in seiner „*Regula*". „So brauchen die Mönche nicht draußen umherzugehen, was für ihre Seelen durchaus nicht zuträglich ist." Damit gab er einer ganzen Baukultur ihre Form. Monte Cassino, das Kloster Benedikts, wurde einem halben Jahrtausend zum Vorbild. Viel davon ist nicht mehr erhalten. Die einfache Säulenhalle der Frühzeit mit einem Schiff und einem Dach wich im frühen Mittelalter der Basilika: Ein wuchtiger Bau mit dicken Mauern, dicken Säulen und einem Tonnengewölbe. Und dieses Tonnengewölbe war denn auch – architektonisch – das Problem: Die Vierung, jener zentrale Kirchenteil am Schnittpunkt zwischen Längs- und Querschiff, erkenntlich an vier dicken Säulen, bestimmte die Größe des Raumes. Je höher, je breiter, desto dicker – sollten die Seitenwände nicht wegkippen. Mit zunehmender Größe mussten die Mauern der Romanik daher immer wuchtiger werden, sollten sie den Schubkräften trotzen: Das Tonnengewölbe hätte wegen des enormen Gewölbedrucks seine Mauern sonst wie das oberste Blatt eines Kartenhauses nach außen weggedrückt. Bei diesen Kräften – die Höhe des Raums ist doppelt so lang wie eine Seite des Vierungsquadrates – blieb kein Zentimeter Spielraum im Gebälk. Ähnlich dem erwähnten Kartenhaus, konnte die kleinste Erschütterung die sorgsam ausbalancierte Komposition zum Einstürzen bringen: CROWLAND ABBEY Nummer drei beispielsweise versank nach einem Erdstoß im Schlamm.

Viele alte Benediktinerklöster hatten unter dem Chor eine Krypta, d. h. gewölbte Sakralräume mit der Grablege eines Heiligen. Die Klöster, die solche Krypten mit den Reliquien von Heiligen besaßen, öffneten sich meist auch für Pilger, die in der Krypta den Gebeinen des Heiligen nahe sein wollten. Sie versprachen sich davon, dass etwas von der Heiligkeit der Reliquien auf sie übergehe. Seitengänge mit Steinplastiken geleiteten die Scharen der Pilger wie in BINHAM in der nordenglischen Grafschaft Norfolk zum Heiligtum. Die gleichfalls anwesenden Mönche bekamen sie dabei nicht zu Gesicht – das verhinderte der Lettner, eine rustikale Trennwand zwischen Vierung und Kirchenchor im Osten. Zisterzienser verzichteten auf die Totenstätten – vielleicht auch deshalb, weil sie keine Wallfahrer in ihrem Kloster haben wollten.

Die Klosterbauten sollten im Laufe des Mittelalters immer größer werden. Allein der Fläche des Hauptschiffes war durch die Statik seines Daches eine Grenze gesetzt. Durch Seitenschiffe gelang es, die Bodenfläche einer Basilika entscheidend zu vergrößern. Durch die Fenster im sogenannten Obergaden, der Fensterzone des Langhausmittelschiffes, strömte Licht in den Raum. Hätten die immer dicker werdenden Mauern dem Flächenwachstum der Kirchen seine Grenzen nicht vorgegeben, die Fensteröffnungen oben im Schiff hätten es mit Sicherheit getan: Auch Licht wird auf seinem Weg ins Innere der Räume schwächer und schwächer, so dass jeder noch größere Kirchenbau letztlich im Dunkel versunken wäre. Die Grenze war erreicht. Und erst mit Cluny und mit dem Beginn der Gotik sollte Licht ins Dunkel kommen...

In der Kunst der Stilisierung waren die Benediktiner unübertroffen. Tonnengewölbe, kannelierte Säulen, klassische Architrave und Friese, figural verzierte Portale, Türen und Kapitelle der Arkaden, dazu Glasmalerei und Wandgemälde und gelegentlich Wandbehänge – all dies zusammen mit goldenen Hostientellern, Kelchen, verzierten Messbüchern und edelsteingeschmückten Reliquien beeindruckte nachhaltig. Die englischen Klosterkirchen des 12. Jahrhunderts lehnten sich zwar an kontinentale Vorbilder an, unterschieden sich von diesen aber durch ihre außerordentliche Größe.

Es gibt zahllose Beispiele für die Baukunst der Benediktiner. Mutterhäuser wirkten stilbildend. Gelegentlich wirkte ein Steinmetz schulbildend und beeinflusste zwei bis drei Generationen. Mönche waren selten darunter. Von Ausnahmen wie Dunstan von Glastonbury oder Ethelwold von Abingdon abgesehen, rekrutierten sich Steinmetze, Maurer, Zimmerleute und Kunsthandwerker vornehmlich aus den Arbeitsmönchen, den sogenannten Laienbrüdern oder Konversen und Angestellten des Klosters.

Die Chormönche delegierten diese weltlichen Dinge lieber. War indes ihrer eigenen Hände Arbeit gefragt, wie während des durch Cluny ausgelösten Baubooms Ende des 11. Jahrhunderts, konnte sich Widerstand regen: Von den Fuldaer Benediktinern ist sogar eine Rebellion vermerkt. Sie fürchteten, über dem Bauen ihre Liturgie zu sehr vernachlässigen zu müssen. Ganz anders die Zisterzienser: Ihre Bautätigkeit erreichte eine solche Dimension, dass das Generalkapitel, die Versammlung von Vertretern des gesamten Ordens, 1157 im Mutterkloster Cîteaux den Mönchen verbieten musste, Arbeiten an Kirchenbauten im Auftrag von Territorialherren und Städten auszuführen.

Die Entwürfe wurden, nicht anders als heute, professionellen Baumeistern überlassen: Beim Wiederaufbau der Kathedrale von Canterbury 1174 etwa gewann Baumeister Wilhelm von Sens den ausgelobten Wettbewerb.

Cluny in Burgund, Gorze in Lothrin-

gen und Glastonbury in Südengland markieren den Neubeginn des Benediktinertums. Auch wenn sich die englischen Klöster durch ein enorm gestrecktes Langhaus hervortaten – Glastonbury, Abingdon, Winchester und Worcester waren doch maßgeblich durch das Riesengebäude in Burgund beeinflusst. Beim dritten Bau der Abteikirche von Cluny, der damals größten Kirche der Welt, stürzte 1125 der Vierungsturm ein. Bei Bauexperimenten waren Misserfolge eingeschlossen, – ihre Erbauer spornte dies nachgerade an. Es galt, Licht in die Räume Gottes zu lassen. Die Langhäuser wurden höher und höher, die Mauern aber immer dünner. Doch warum fielen sie nicht ein? Immer neue architektonische Mittel wurden ersonnen, um die Statik der Bauten zu verbessern: Gebogene Strebepfeiler stützten das Mauerwerk. Das einfache Tonnengewölbe wurde vom Kreuzgewölbe abgelöst. Man hatte herausgefunden, dass dieses die Kräfte besser ableitete.

Ob jedoch die sogenannte Zahlentheologie beim Klosterbau wirklich Anwendung gefunden hat, ist umstritten. Es wurden allerdings biblische Schriften auf Hinweise nach dem rechten Maß durchforstet – und Hinweise gibt es darin allemal: Der Salomonische Tempel ist in der 2. Chronik beschrieben, sodann gibt es die Vision des Propheten Hesekiel vom Tempelbau; auch Beschreibungen des Tabernakels Mose und nicht zuletzt der Arche Noahs. Schließlich folgerte man aus den Worten „Du hast alles nach Maß und Zahl und Gewicht geordnet", dass das Universum aus bestimmten geometrischen Proportionen geschaffen sei und damit auch die Kirchen baulich so zu errichten seien. Untermauert wurde die

Die Anfänge des Cluniazenserpriorats Castle Acre in Norfolk liegen im Dunkeln. Vermutlich wurde es im letzten Viertel des 11. Jahrhunderts von William de Warenne, dem zweiten Earl von Surrey gegründet. Dessen Vater, der mit Wilhelm dem Eroberer nach England gekommen war, hatte geholfen, die Cluniazenser auf der Insel zu etablieren.

Von Cluny war im 10. Jahrhundert die Reform des benediktinischen Mönchtums ausgegangen. Im Laufe des 10. und 11. Jahrhunderts schlossen sich immer mehr Klöster der Reform an. Es bildete sich ein über ganz Europa verbreiteter Klosterverband mit Cluny an der Spitze. Nur Cluny selbst wurde von einem Abt geleitet. Ihm waren alle abhängigen Klöster als Priorate unterstellt. In England gehörten dazu unter anderem Much Wenlock und St. Pancras in Lewes, in Schottland Crossraguel.

Castle Acre wurde am 22. November 1537 aufgelöst. Heute liegt es bis auf die Wohngebäude des Priors im Westflügel in Ruinen. Die um 1100 entstandene Prioratskirche war dreischiffig mit Querhaus und fünfteiligen Staffelchor. Die ursprünglich halbrunden Apsiden wurden im 14. Jahrhundert durch rechteckige ersetzt. Die Reste der Doppelturmfassade sind mit sich überschneidenden Blendbögen verziert – einem typisch normannischen Ornament.

Die cluniazensische Niederlassung Crossraguel Abbey (Bild rechts) bei Maybole in der schottischen Grafschaft Strathclyde geht auf das frühe 13. Jahrhundert zurück. Während der Kriege mit England hielt Crossraguel treu zu Robert the Bruce, dessen Familie als Gründer und Stifter der Abtei genannt werden. Die in dieser Zeit zerstörten Bauten wurden wieder aufgebaut. Verfall und Abbruch setzten erst 1560 ein.

Zahlenmystik mit der besonderen Bedeutung der Zahlen 1 bis 12 im Christentum und der Bedeutung von Quadrat und gleichseitigem Dreieck. Dies, so glaubte man, gewährleiste nicht nur Schönheit des Bauwerkes, sondern auch Standsicherheit. Ob das letzten Endes wirklich alles zutraf? Die Baumeister jener Tage hatten mit so gewaltigen Problemen der Statik zu kämpfen, dass sie das kosmologische Quadrat wenig interessiert haben dürfte. Rätselhafter hört sich die Geschichte mit dem Quadrat zwar an, aber letzten Endes dürfte es den Baumeistern „nur" um die bestmögliche Ausführung gegangen sein. Und die war schwierig genug: Baugerüste gab es nur im unteren Bereich der Bauten – sie wären mit den damaligen Mitteln unter ihrem Eigengewicht zusammengebrochen. Wie also so hoch hinaus? Die Antwort ist so einfach wie halsbrecherisch: Ein Erker wurde gebaut und daran ein Tretrad in luftiger Höhe befestigt. Darin liefen Menschen gleich Hamstern, um die enormen Lasten emporzuhieven. Wieviel Opfer diese vorsintflutlichen und zugleich genialen Baukräne gekostet haben, ist unbekannt. Am Ende aber standen Abteien wie Rievaulx oder Tintern – mittelalterliches Mauerwerk als Gestalt gewordene Geschichte.

Newark Priory bei Woking in Surrey war ein Augustiner-Chorherrenstift. Es wurde im späten 12. Jahrhundert gegründet. Das für die Abteikirche verwendete Baumaterial, Feuerstein, war nicht sehr widerstandsfähig. Er zerbröselte und so stehen heute nur noch die malerischen Ruinen von Chor und Querhaus von Newark Priory isoliert auf einer Wiese.

Die Bilder – die Technik der Lichtmalerei

Alle Bilder in diesem Buch wurden mit einer speziellen Lichttechnik, der Lichtmalerei, fotografiert. Die Technik erlaubt meist nur ein einziges Bild am Abend, und so suche ich tagsüber den richtigen Kamerastandpunkt, gehe die Mauern entlang und bestimme die Stellen, von wo aus ich in der Nacht das Kloster beleuchten werde. Es ist Teil der Arbeit geworden, dass ich heute das endgültige Bild schon vor mir sehe, bevor ich die Kamera überhaupt aufbaue. So weiß ich, aus welchen Richtungen das Licht kommen soll, wie die Lichtverteilung sein muss.

Einzige Lichtquelle ist ein von Autobatterien gespeister Scheinwerfer. Mit diesem kann ich das Licht genau steuern und dosieren, kann die Lichtstimmung erzeugen, die zum Charakter jeder Klosterruine passt.

Atmosphären sind nicht zufällig, sie können geschaffen werden. Wichtigstes Werkzeug ist hierzu das Licht. Jeder Riss im Mauerwerk, jedes Detail ist zu erkennen. Die Steine fangen an zu leuchten, das Licht durchdringt den Nebel, und das Grün des Rasens wird intensiver.

Jedes Kloster ist durch den Zustand seines Verfalls einzigartig und verlangt nach einer eigenen Interpretation. Mit Hilfe des Lichts versuche ich, das Wesentliche des Klosters zu beschreiben, während Unwichtiges im Dunkeln verborgen bleibt. So mag es gelingen, die Stimmung zu erzielen, die jedem Kloster tatsächlich innewohnt.

Zu einem bestimmten Zeitpunkt in der Nacht, wenn das Licht des Himmels die ideale Intensität erreicht hat, öffne ich den Verschluss der Kamera. Die Belichtungszeit der Aufnahmen richtet sich nach Größe des Klosters und Komplexität der Lichtgestaltung. Im Schnitt dauert eine Aufnahme zwischen einer und zwei Stunden, wobei gestalterische Aspekte eine noch längere Belichtungszeit erforderlich machen können. Während dieser Zeit gehe ich durch die dunkle Abtei und beleuchte von den vorher festgelegten Stellen aus das komplette Kloster. Erst nach der letzten Beleuchtungssequenz wird der Verschluss der Kamera geschlossen und das Bild ist „gemalt".

Berthold Steinhilber

Bildverzeichnis

Die Klöster werden mit der Grafschaft, in der sie liegen, aufgeführt. Die meisten befinden sich in England. Bei den schottischen und walisischen Beispielen ist dies vermerkt. Die Ziffern verweisen auf die Seitenzahlen.

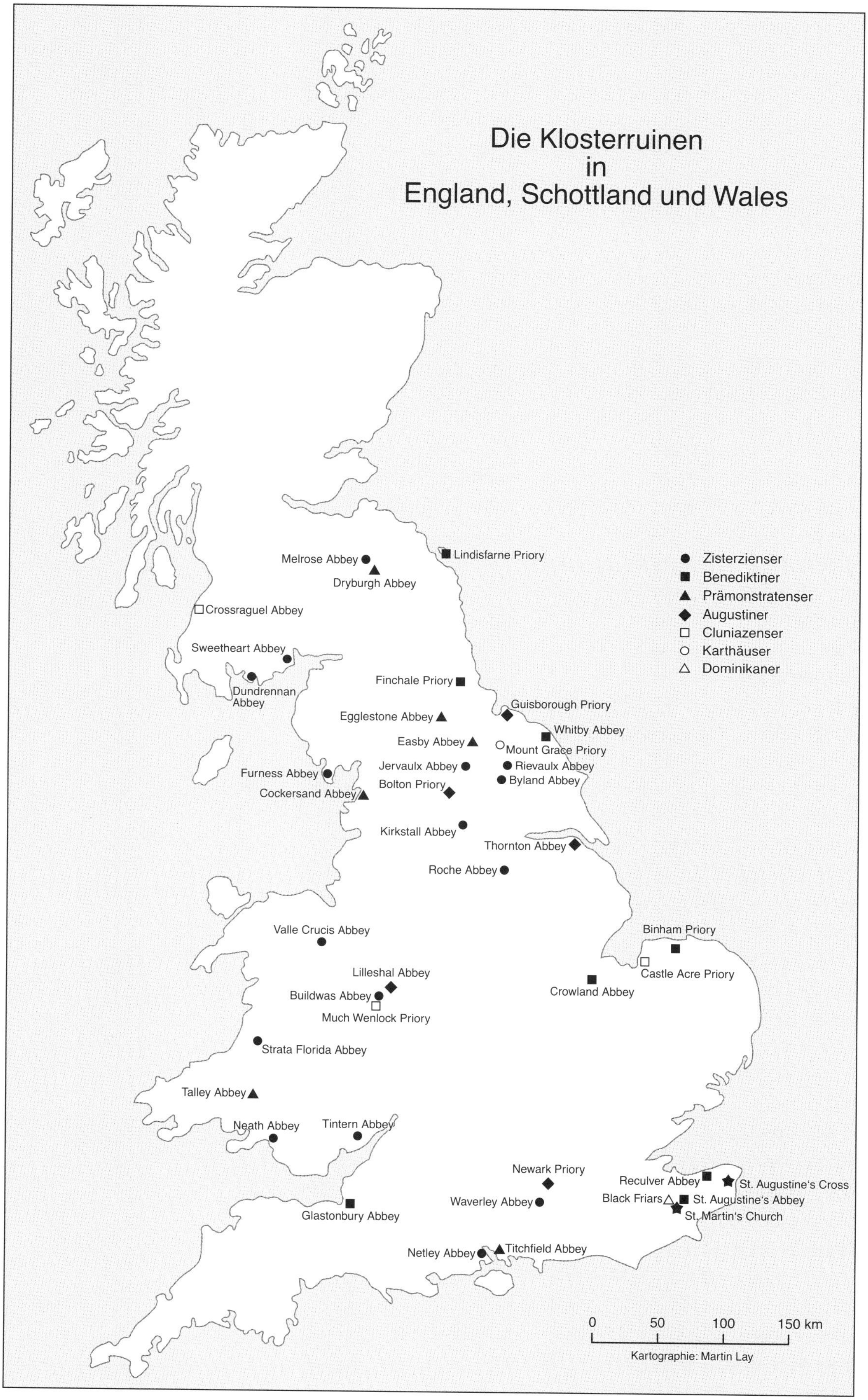
Die Klosterruinen in England, Schottland und Wales
Zisterzienser
Benediktiner
Prämonstratenser
Augustiner
Cluniazenser
Karthäuser
Dominikaner
Melrose Abbey
Dryburgh Abbey
Lindisfarne Priory
Crossraguel Abbey
Sweetheart Abbey
Dundrennan Abbey
Finchale Priory
Guisborough Priory
Egglestone Abbey
Whitby Abbey
Easby Abbey
Mount Grace Priory
Jervaulx Abbey
Rievaulx Abbey
Byland Abbey
Furness Abbey
Bolton Priory
Cockersand Abbey
Kirkstall Abbey
Thornton Abbey
Roche Abbey
Valle Crucis Abbey
Binham Priory
Castle Acre Priory
Lilleshal Abbey
Crowland Abbey
Buildwas Abbey
Much Wenlock Priory
Strata Florida Abbey
Talley Abbey
Neath Abbey
Tintern Abbey
Newark Priory
Reculver Abbey
St. Augustine's Cross
Black Friars
St. Augustine's Abbey
Waverley Abbey
St. Martin's Church
Glastonbury Abbey
Netley Abbey
Titchfield Abbey
0
50
100
150 km
Kartographie: Martin Lay

Literaturverzeichnis

Allgemeine und einführende Literatur

BROOKE, Christopher: Die große Zeit der Klöster 1000–1300. Die Geschichte der Klöster und Orden und ihre religions-, kunst- und kulturgeschichtliche Bedeutung für das werdende Europa. Freiburg, Basel, Wien 1976.
CONRAD, Dietrich: Kirchenbau im Mittelalter. Bauplanung und Bauausführung. Leipzig 1998.
ECO, Umberto: Der Name der Rose. München 1982.
FRANK, Karl Suso: Grundzüge der Geschichte des christlichen Mönchtums. Darmstadt 1975.
LANCZKOWSKI, Johanna: Kleines Lexikon des Mönchtums. Stuttgart 1993.
VON DEN STEINEN, Wolfram: Der Kosmos des Mittelalters. Von Karl dem Großen zu Bernhard von Clairvaux. Bern, München 1959.

Heinrich VIII. und die Dissolution

BASKERVILLE, Geoffrey: English monks and the suppression of the monasteries. London 1937.
GEORGE, Margaret: Heinrich VIII. Mein Leben. Mit Anmerkungen des Hofnarren Will Somers. München 1989.
JACOBS, Eberhard; DE VITRAY, Eva (Hg.): Heinrich VIII. in Augenzeugenberichten. München 1980.
KROSS, Editha: Am Hofe Heinrichs VIII. (Manfred Kossok, Hg.: Herrscher, Höfe, Hintergründe) Leipzig 1992.
STEMMLER, Theo: Die Liebesbriefe Heinrichs VIII. an Anna Boleyn. Zürich 1988.

Orden und Kirchenväter

DINZELBACHER, Peter: Bernhard von Clairvaux. Leben und Werk des berühmten Zisterziensers. (Peter Herde, Hg.: Gestalten des Mittelalters und der Renaissance) Darmstadt.
KNOWLES, David: Geschichte des christlichen Mönchtums. Benediktiner, Zisterzienser, Kartäuser. (Kindlers Universitäts Bibliothek) München 1969.
MUSCHG, Walter (Hg.): Mystische Texte aus dem Mittelalter. Von Bernhard von Clairvaux bis Nikolaus von der Flüe. Zürich 1986.
NIGG, Walter: Vom Geheimnis der Mönche. Zürich, Stuttgart 1953.
SCHNEIDER, Ambrosius: Die Cisterzienser. Geschichte, Geist, Kunst. Köln 1977.
SYDOW, Jürgen et al.: Die Zisterzienser. Stuttgart, Zürich 1989.
VON BALTHASAR, Hans-Urs (Hg.): Die großen Ordensregeln. (Menschen der Kirche, In Zeugnis und Urkunde, Bd. 8) Einsiedeln, Zürich, Köln 1948.

Mönchisches Leben in Großbritannien

KNOWLES, Dom David: The Monastic Order in England. A history of its development from the times of St Dun-

stan to the Fourth Lateran Council 940–1216. Cambridge et al. 1984.
KOENIG, Clara: Englisches Klosterleben im 12. Jahrhundert. Auf Grund der Chronik des Jocelinus de Brakelonda. Jena 1928.
PLATT, Colin: The abbeys and priories of medieval England. New York 1984.

Sonstige

GOTTZMANN, Carola L.: Artusdichtung. Stuttgart 1989.
LAWHEAD, Stephen: Artus. Der legendäre König. Die Pendragon-Saga. München, Zürich 1996.
STOKER, Bram: Dracula. Frankfurt a.M. 1988.
WALKER, Barbara G.: Das geheime Wissen der Frauen. Ein Lexikon. Frankfurt a.M. 1993.

Im Internet existieren zu nahezu jeder Abtei Dokumente. Die bekannten Suchmaschinen liefern durchschittlich zehn bis 20 Ergebnisse. Eine kurze Übersicht zu jedem Kloster bietet die "Katholische Enzyklopädie" unter <http://www.newadvent.org>. Ausführlich, wenngleich nicht vollständig, sind die Beiträge der ins Netz gestellten Encyklopaedia Britannica unter <http://www.britannica.com>. Parallel zur Suchanfrage werden Fachzeitschriften aufgelistet.

Danksagung

Der Großteil der Klöster, die ich für dieses Buch fotografiert habe, wird von English Heritage, CADW und Historic Scotland verwaltet. Mein besonderer Dank gilt diesen drei Organisationen, die mir freundlicherweise die Erlaubnis für die Aufnahmen erteilten. Dank auch den Mitarbeitern in den verschiedenen Klöstern für ihre Geduld und ihre Hilfe bei den Vorbereitungen zu diesen Bildern.

Ganz herzlich bedanke ich mich bei David Morgan (Glastonbury Abbey), Ian Burdon (Jervaulx Abbey) und Brian Fitch (Kirkstall Abbey, City of Leeds) für die unkomplizierte Zusammenarbeit.
Weiterhin bedanke ich mich bei der Firma Schneider-Kreuznach für die technische Hilfe und die guten Objektive und bei Frau Mahon (P&O/Stena Line) für die Überfahrten nach Großbritannien.

Berthold Steinhilber

In gleicher Ausstattung und Format liegen vor:

Bildbände im Duoton von Simon Marsden

Im Reich der Geister
Eine Reise zu mysteriösen Orten auf den Britischen Inseln
ISBN 3-89102-258-1

Geistersuche
Auf den Spuren des Unheimlichen von Irland bis Transsilvanien
ISBN 3-89102-265-4

Spuk und Gespenster
Verwunschene Orte auf den Britischen Inseln
ISBN 3-89102-269-7

Bilder aus der Welt des Edgar Allan Poe
Eine persönliche Auswahl aus dem Werk von Edgar Allan Poe in der Übersetzung von Arno Schmidt und Hans Wollschläger
ISBN 3-89102-255-7

Geheimnisvolles Irland
Ruinen, Abteien, Schlösser, Herrenhäuser
ISBN 3-89102-262-X

„Der Fotograf Simon Marsden, der sich für Edgar Allan Poe begeistert, hat mit dieser Bilddokumentation eine Aura des Gespenstischen um die ‚britischen Spukhäuser' eindruckvoll in Szene gesetzt."

Frankfurter Allgemeine Zeitung

„Als Meister einer ‚gespenstischen Fotografie' ist Marsden berühmt geworden. ‚Im Reich der Geister' heißt nun auch ein skurriler Sammelband mit rund 100 seiner klassischen Aufnahmen, der Schlösser, Burgen, Ruinen und Schluchten, Seen und sagenhafte Landschaften im britischen Mutterland des Spuks ins Bild rückt."

Der Spiegel

„Fotografierte Geisterwelt: Der Bildband ‚Geheimnisvolles Irland' präsentiert alles, was der Reisende im Land der Mythen und Märchen zu sehen wünscht: Ruinen, Hochmoore, wind- und wettergeschützte Landschaften. An der Spurensuche des Fotografen hat sich der Kunsthändler Duncan McLaren beteiligt: Er beschreibt die Entstehungs- und Verfallsgeschichte der Häuser und den Ursprung der irischen Bevölkerung mit den Denkmälern ihrer Geschichte."

Berliner Zeitung

In gleicher Ausstattung und Format:

Gerald Axelrod
Wo die Zeit keine Macht hat
Feen, Hexen und Druiden in der Sagenwelt Irlands
ISBN 3-89102-455-X

Eulen Verlag